KB042568

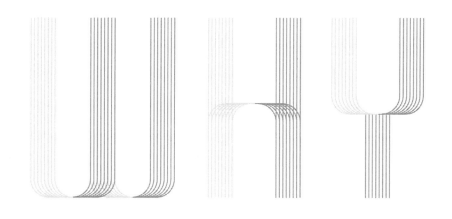

WHY 화웨이?

세계 5G 1등 기업 화웨이의 혁신 성공비결

—— 김진희 · 최명철 ——

박영사

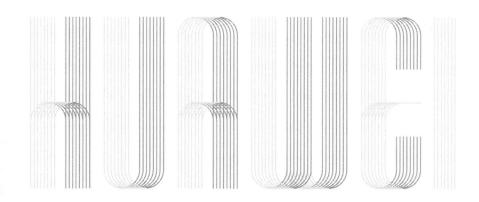

경영학을 공부하는 방법 중 하나가 사례연구이다. 즉, 실존하는 기업의 사례를 자세히 살펴봄으로써 경영이론과 그 적용이 어떻게 되었는지를 확인하고, 그 기업이 왜 성공 또는 실패를 하였는지 깨달음으로써, 기업 경영의 지표로 삼을 수 있기 때문이다. 이 책은 오늘날 미국과 중국, 두 나라의 글로벌 리더십을 위한 주도권 싸움의 한가운데 있는 중국의 대표적 기업, 화웨이의 발전과정과 경쟁력을 면밀하게 분석되었음이 돋보인다. 앞으로 20여 년 후에, 화웨이처럼 세상의 이목을 집중 받는 기업을 만들고 싶다면, 오늘의 젊은 창업자들이 시대를 앞서갈 수 있도록 이 책이 도와줄 것이다.

_김상용 고려대학교 경영대학 교수, 전 소비자학회 회장, 전 마케팅학회 회장,
 전 서비스 마케팅학회 회장

최근 미중무역전쟁이 이슈이다. 그 미중무역전쟁의 최전선에 화웨이가 있으며, 전 세계적인 주목을 받고 있다. 통신장비에서 시작해, 핸드폰, 노트북, TV로 영역을 넓히는 화웨이에 대한 이해는, 중국과의 교류 및 세계무역에 크게 의존하는 한국에 매우 중요하다. 이 책은 화웨이의 시작과 발전, 조직문화와 구조에 대해 체계적으로 서술하여, 화웨이에 대한 이해를 돕고 있다. 적절한 시기에 등장한 이 책은, 한국에 매우 필요한 내용을 전달하고 있다.

_김상훈 서울대학교 경영대학 교수, 한국경영학회 부회장, 전 한국소비자학회 회장

이 책은 저자의 중국문화와 경영에 대한 통찰력과 독특한 관점이 돋보입니다. 최근 이슈가 되는 화웨이의 진면목을 알 수 있는 노작이자 역작입니다. 미중무역전쟁과 화웨이에 관심을 가지는 모든 분들에게 본서를 적극 추천합니다.

_박성수 전남대학교 명예교수, 전 한국인사관리학회장, 전 한국산학협동연구원장,
  전 광주전남연구원장

본서는 초글로벌기업으로 성장한 화웨이에 대한 개별기업 차원의 체계적인 분석을 시도했다는 점에서 매우 의미가 있습니다. 특히 이러한 분석을 통해 한국기업이 글로벌시장에서 지속적인 경쟁우위를 점하기 위해 나아갈 방향을 제시하고 있다는 점에서 모두에게 귀중한 본서를 적극 추천합니다.

_송재훈 우석대학교 경영학과 교수, 경영사학회 회장, 중국운성대학경제관리학원
  客座敎授, 전 한중경상학회 회장

최근에 가장 주목받고 있는 중국 다국적기업중 하나가 화웨이이다. 최명철 교수의 책은 이 화웨이의 역사, 전략, CEO 등 다각적인 부문에서 분석한 심층보고서라 할 수 있다. 중국기업, 특히 화웨이를 이해하기 위해서는 필독 서적이다. 중국 기업을 이해하고자 하는 기업의 임원 및 관리자, 대학원생, 소규모 연구모임 등 다양한 독자층에 적합한 최신서로 적극 추천드린다.

_신만수 고려대학교 경영대학 교수, 전 국제경영학회 회장

최명철 교수는 중국사회과학원과, 청화대학에서 공부한 최초의 한국학자이다. 주룽지 전 총리가 청화대를 졸업하고 한동안 사회과학원에 몸담고 있었고 후진타오 전 주석이 청화대를 졸업하고 중앙당교 교장으로 오랫동안 재직하여 사회과학원출신들을 중용하였다는 점에서, 중국의 정·관계와 경영·경제계에서 그리고 학문적 분야에서 사회과학원과 청화대

학의 막대한 영향력을 고려해 볼 때, 최명철 교수의 학문적 배경은 중국을 이해하는 데 매우 도움이 된다. 연구분야는 리더십과 경영학이지만, 최박사의 관심은 문화·정치·경제의 다분야에 걸쳐 있으며, 중국에 대한 오래 연구와 폭넓은 이해를 바탕으로 남다른 혜안을 가지고 있다.

중국은 하나의 단편적인 부분이 아니라 전체적으로 보아야 제대로 이해할 수 있다는 점과 화웨이에 대해 중싱(ZTE)과 비교를 거쳐 포괄적으로 분석한다는 점에서 이 책은 독특한 가치를 지닌다.

평이하면서도 담담한 필체로 쓰인 이 책의 군데군데에서 독특한 식견과 날카로운 통찰력을 발견할 수 있다. 세계 최대강국으로 발돋움해나가는 중국과 세계 5G 1등 기업인 화웨이를 이해하는 데, 좋은 길잡이가 되는 글이다.

_어윤대 전 고려대학교 총장, 전 한국경영학회 회장, 전 KB금융지주 회장,
 전 국가브랜드위원회 위원장

최명철 교수의 본 책을 읽고 그동안 막연하게나마 알고 있었던 화웨이 기업의 성공 노하우를 잘 알게 되었다. 본 책은 화웨이 기업이 어떻게 글로벌 회사로 발전되었는가에 대한 중요한 지침을 알려 주고 있다. 무명의 기업이 어떻게 세계적인 기업들의 틈바구니 속에서 글로벌 기업으로 탈바꿈할 수 있는지를 잘 보여주고 있다. 특히 화웨이의 역사와 발전 과정, 그리고 화웨이의 인재관리와 경쟁력 분석 그리고 화웨이 시스템 혁신 사례는 매우 인상적인 내용이다. 한국의 기업들이 세계적 기업으로 탈바꿈하기 위해 꼭 본 책을 읽고 그 해답을 찾을 수 있기를 바란다. 본 책을 저술하기까지 많은 어려움을 가졌을 최명철 교수께 캠퍼스에서의 본인의 사역에 신의 가호가 함께 하기를 기원하면서…

_이창원 한양대학교 경영대학 경영학부 교수, 의료경영MBA트랙 주임교수
 (사)한국경영교육학회 회장, 경영과학세계연맹 총괄부회장

With his in−depth knowledge on modern Chinese enterprises, Prof. M.C. Choi has written a penetrating analysis about chairman Ren and his rising global telecommunication giant in a very short−time period. In his book, he compares chairman Ren's growth strategy for Huawei to Chairman Mao's strategy of cultivating rural population first to gather enough strength to take over urban centers in China. Furthermore, Huawei's human resource strategy as "wolf" culture which emphasizes collective teamwork, rapid response to external changes and willingness to face all challenges. This book should make the readers to pause and think about new type of challenges that Huawei and other Huawei−like enterprises pose to Korean industries now and in the future.

_장유상 가천대학교/고려대학교 석좌교수, 전 KDI 교수, 전 Boston 대학 교수

미·중의 기술전쟁이 한창이고 그 중심에 화웨이가 있다. 통신장비와 반도체에서 중국의 한국 추격이 위협적이다. '극중(克中)' 하려면 '지중(知中)'이 먼저다.

통신장비에서 중국 변방의 배고픈 늑대에서 세계1위로 부상한 화웨이의 본질을 꿰뚫어야 한다. 3류기업은 제품 자랑하고, 2류는 기술 자랑하지만 1류는 기업문화다. 화웨이의 기업문화를 중국전문가의 예리한 눈으로 파헤친 책이다. 중국기업이 어떻게 기술 굴기를 이루었는지 알고 싶다면 일독할 만한 좋은 책이다.

_전병서 중국경제금융연구소장, 경희대China MBA객원교수

통신장비 후발업체였던 화웨이가 중국의 1위 나아가 세계최대 규모의 통신장비업체로 성장해 나가는 과정을 면밀히 들여다보는 것은 생존과 성장을 위한 전략, 문화, 조직 및 인사관리를 어떻게 역동적으로 조화시켜 나가야 하는지 일깨워 주는 흥미로운 작업이 될 것이기에 글로벌 경영

을 꿈꾸는 이들에게 일독을 권한다.
_전상길 한양대학교 경영학부 교수, 전 인적자원개발학회 회장, 국무총리실 공직
　인사혁신 위원, 국가공무원 인재개발원 자문위원

　Emerging Market MNC(다국적 기업) 연구에 새로운 지평을 여는 역
작. 진정한 Global 기업을 꿈꾸는 Huawei를 통해 한국기업의 미래경쟁
자 상을 본다.
_전용욱 전 세종대학교 부총장, 전 솔브릿지 국제경영대학 학장,
　전 한국경영학회 회장, 전 중앙대학교 경영대학 교수

　매출의 10%를 연구개발에 쓰고, 전체직원의 40%가 연구개발에 종사하
고, 중국식 인사관리로 조직을 운영하고 있는 화웨이에 대한 통찰력 있는
분석서이다. 과거에 한국 기업이 도요타와 GE를 벤치마킹했듯이 이제는
이 책을 통하여 화웨이를 벤치마킹하여야 한다.
_주우진 서울대학교 경영대학 교수, 아시아 10대 경영학자,
　전 한국자동차산업학회회장, 전 MIT 교수

　최명철 교수를 처음 본 곳은 중앙일보 중국 특파원이었던 2005년, 베
이징에서 열린 한 세미나 모임이었던 것으로 기억한다. 짧은 대화와 명함
을 주고받은 것이 전부였다. 그 후 최 박사에게서 간략한 내용의 이메일
이 왔다. 나는 의례적인 인사로만 생각했다. 그런데 그게 아니었다. 최 박
사의 문안과 자신 근황 소개는 그 이후 지금까지 15년 동안 꾸준하게 이
어졌다. 처음에는 대수롭지 않게 여겼던 이메일이 각별하게 다가왔고, 곧
이어 감탄으로 바뀌는 데에는 그리 오랜 시간이 걸리지 않았다. 최 교수
의 진지함과 성실함이 그 꾸준한 이메일에서 고스란히 느껴졌기 때문이
다. "이 사람은 뭘 해도 되겠구나"라는 생각이 절로 들었다.
　최 교수가 최근 다시 이메일을 보내왔다. 화웨이 저서에 대한 추천사를
부탁한다는 요청을 담았다. 나는 주저 없이 승락했다. 최 교수가 집필한

책이라면 읽지 않고도 추천사를 쓸 수 있을 것 같았기 때문이다. 내 생각은 빗나가지 않았다. 나는 이 책이 화웨이에 대한 가장 세밀한 분석이라고 단언한다. 화웨이의 역사와 영혼, 그리고 건강상태에 대해 이처럼 조직적이고 전(全)방위적이며, 깊이 있는 분석이 있었을까 싶다. 화웨이를 경쟁사 혹은 협력사로 삼아야 하는 기업은 물론, 기업문화 혹은 인물사 전공자에게도 이 책은 흥미롭고 도전적인 텍스트를 제공할 수 있다고 본다. 최 교수의 노고와 성취에 경의와 축하를 보낸다.
_진세근 서경대학교 문화콘텐츠학과 겸임교수, 한국신문방송편집인협회 사무총장,
전 중앙일보 중국 특파원

이 책은 저자의 중국문화와 기업에 대한 전문성에 기반한 화웨이에 대한 심층보고서라고 할 수 있다. 최근 세계적으로 견제의 대상이 되기도 하고 대한민국 대표기업인 삼성의 가장 강력한 경쟁자로도 부각되고 있는 화웨이에 대한 심도 있는 분석은 국내기업들에게도 유용한 정보가 될 것으로 믿는다. 특히, 화웨이의 성장과정과 역사뿐 아니라 인재관리, 경쟁전략, 혁신방식에 대한 체계적 기술과 사례가 제시되어 기업경영과 혁신에 관심이 있는 모든 이들에게 일독을 권한다.
_최진남 서울대학교 경영대학 교수, Journal of Organizational Behavior, Group & Organization Management, Journal of Occupational and Organizational Psychology, Associate Editor

　개혁개방 이후, 중국은 비약적인 발전을 통해 세계 2위의 경제권이 되었으며, G2로 막강한 영향력을 발휘하고 있다. 베이징(北京), 상하이(上海), 선전(深圳)의 발전상은 상전벽해(桑田碧海)라는 단어로도 부족할 듯하다. 중국은 거대한 경제규모에도 불구하고 성장속도는 빠르고 경제구조도 지역/산업별로 복잡한 특징을 보인다. 그리고 체계적이고 강력한 국가정책으로 인하여, 3차 산업의 핵심 산업인 제조업과 4차 산업의 핵심인 정보통신 산업에서 최대 수요국이자 생산국으로 빠르게 부상하고 있다. 정부정책의 방향도 정보통신 산업을 집중적으로 육성하고 있고, 국유기업과 민영기업도 국가 전략에 발맞춰 정보통신 산업 중심으로 빠르게 성장하고 있다.

　중국 정부는 '중국제조 2025'에서 5G 기술을 언급하였고, 2016년에도 5G 기술을 전략적 신흥산업으로 지정하는 등 통신인프라 설치와 부가 서비스 확대에 대대적으로 힘쓰고 있다. 이와 함께 중국 3대 통신 사업자인 차이나모바일, 차이나유니콤, 차이나텔레콤도 국가주도의 5G 사업을 확장시키고 있으며 이를 뒷받침할 수 있는 기술력과 장비는 중국의 주요 통신장비 업체인 화웨이(华为, Huawei)와 중싱(中兴, ZTE)이 갖고 있다.

　그 중 화웨이는 1987년 2만 위안의 자본과 소수의 직원으로 시작하여 2017년 매출이 6,036억 위안, 2018년 매출은 7,212억 위안(약 117조원)으로 매년 폭발적으로 성장하고 있고, 2018년 세계 500대 기업 중 72위를 차지하며 세계 3분의 1이 넘는 인구의 인터넷 연결을 돕는 기업이 되었다. 현재 화웨이는 캐리어네트워크, 핸드폰, 노트북, 클라우드 등이 주력 사업인데, 약 18만 8천 명의 직원, 900여개의 사무소와 15개 연구센터, 36개 연합 혁신센터로 이루어져 있다. 화웨이의 전 세계 직원 18만 8천명 가운데 R&D 인력은 7만 명 이상으로 연구개발을 가장 중시하고 있다. 2017년에는 약 14조 4천억 원을 R&D에 투자했으며 이는 전 세계 4위에 달하며, 5G분야 세계 1위이다. 또한 R&D 투자의 80%가 소프트웨어 개발에 투입된다.

　　세계지식재산기구(WIPO)의 '2018년 특허 출원통계' 자료에 따르면 화웨이는 5,405건의 특허를 출원해 세계 최다 특허 출원 기업에 올랐다. 미국의 IP(지적재산권) 전문관리업체 아나쿠아에 따르면, 2019년 6월 기준 화웨이가 전 세계에서 보유한 특허 수는 5만 6,492개다. 화웨이의 지적재산권 포트폴리오에 포함된 특허 및 출간물의 수는 10만 3,000여 개다. 2018년에는 미국에서만 1,680개 신규 특허를 따내기도 했다.

　　이처럼 중국에서 혁신의 상징으로 부상하고 있으며, 다른 중국의 대기업과 달리 전 세계에 막대한 영향력과 기술력을 발휘하고 있다. 그런데 이러한 성장과 영향력에도 불구하고 회사는 비상장이며, 회사운영은 여전히 베일에 싸여있다. 기업 홍보는 거의 하지 않고 기업 수장들도 미디어에 잘 등장하지 않는다. 런정페이(任正非) 회장은 창업 23년만인 2013년에 처음 매체와 인터뷰를 하였다. 직원들에게도 '인간관계는 조심하고 본분에 충실해야 한다'는 것을 미덕으로 강조한다.

이러한 화웨이의 발전과 영향력을 고려할 때, 국내의 화웨이 관련 연구는 양과 질에서 매우 부족한 상황이다.

이에 본 저서는 설립자인 런정페이(任正非)의 글과 가치관, 화웨이 관련 중국논문, 화웨이에서 회사의 신념을 담아 만든 규율집인 화웨이 기본법, 화웨이 연간 리포트, 여러 중국매체의 보도, 여러 조사기관 보고서 등을 기반으로, 화웨이의 발전과정과 역사, 조직구조 등을 분석하였다.

또한 중국 4차 산업을 이끄는 화웨이의 독특한 기업문화와 기업특성, 인재관리를 연구하면서, 첨단산업에서 화웨이가 어떻게 발전하여 왔고, 현재까지 발생하였던 여러 문제점들에 어떻게 대처하고 성장기반을 쌓았는지를 체계적으로 조사 및 분석하였다. 이는 화웨이가 앞으로의 미래 산업에 어떻게 대처하고 발전해 나갈지 알려주는 초석이 될 것이다.

한편 화웨이와 중싱의 발전사, 기업문화, 발전전략과 제품군 등을 비교 분석하였다. 두 기업 모두 통신장비업체로 시작해 최근 스마트폰을 제작하고 있으며, 광동성 선전(深圳)에 위치해 있고, 조그마한 회사에서 세계적인 대기업으로 성장하였다. 차이점은 화웨이는 민영기업이면서 비상장기업이지만, 중싱은 국영기업이면서 상장기업이라는 점에서 다르다. 또한 기업규모, 기업문화, 발전전략과 제품군에서도 차이를 보이고 있다. 생산 제품이 유사하고, 현재 미국의 제재를 동시에 받고 있는 등 비슷한 상황에 놓여있지만 다른 방향의 행보를 보이고 있는 기업이라는 점에서 화웨이와 중싱은 비교 연구할 가치가 있다. 이러한 비교를 통해, 우리는 두 기업의 특성과 분위기를 파악할 수 있다.

　　화웨이는 여러 면에서 주목할 만한 기업이다. 미중 무역 전쟁의 핵심 기업으로 부상해서 만이 아닌, 지난 30여 년 간 중국의 발전과 함께 괄목할만한 성장을 이룬 것만으로도 기업사적 가치를 갖는다. 또한 앞으로 중국의 제조업이 질적 고도화와 더불어 구조적 변화를 맞을 때, 5G산업이나 통신산업을 통해 그 변화를 선도할 기업이라는 측면에서도 연구가치가 있는 기업이다.

　　화웨이는 기초 연구에 투자를 많이 하는 첨단산업 기업으로 기존의 저렴한 인건비를 내세워 제품을 생산하던 다른 중국 기업과는 확연히 구별된다. 특히 최근 미국의 강력한 제재로 글로벌 기업으로부터 부품과 소프트웨어의 공급이 어려워져 반도체, HMS(Huawei Mobile Service), 화웨이 서치(Huawei Search) 등 자체 부품과 소프트웨어 개발에 총력을 다 하고 있다. 이 책은 화웨이의 미래를 예측할 수 있게 해주는, 화웨이의 경쟁력 원천인 기업문화, 리더십, 전략 등을 이해하는데, 도움이 되리라 믿는다.

　　이 책이 세상에 나오기까지 많은 분들의 도움이 있었다. 출판계의 어려운 상황에서도 흔쾌히 출간을 결정해준 박영사와 김한유 대리님, 편집에 애를 쓰신 전채린 과장님의 노고에 깊은 감사를 드린다. 교정을 도와주신 김승진 서강대 박사님께 깊은 감사를 드린다.

　　추천사를 써주신 김상용, 김상훈, 송재훈, 신만수, 이창원, 장유상, 전상길, 주우진, 최진남 교수님께, 박성수 전광주전남연구원장, 어윤대 전 고려대학 총장님, 전용욱 전 세종대학 부총장님, 진세근 기자님께 깊은 감사를 드린다.

저자 김진희·최명철

화웨이,
글로벌 회사가 되다

1. 화웨이 소개

　　화웨이는 통신장비를 생산하는 민영통신기술회사로 1987년에 정식 등록하였고, 본부는 중국 광동성 선전시 용강구(广东省 深圳市 龙岗区)지역에 있다. 화웨이는 통신장비와 클라우드 컴퓨팅을 주축으로 전 세계적으로 선도적인 네트워크 시스템을 경영자, 기업고객, 일반 소비자에게 제공하고 있다. 2013년, 화웨이는 세계 최대 통신장비업체로 등극했으며, 당시 포춘 세계 500대 기업 중 315위였다.

▲ 전세계 지역별 현지 지사

화웨이 창립 시에 중국시장은 에릭슨, 노키아, 파나소닉 등의 다국적 기업들이 점유하고 있었다. 당시 경쟁력이 부족한 화웨이는 다국적 기업이 관심을 가지지 않았던 농촌에 디지털 교환해결방안을 제시하며 진출했다. 중국 상황에 맞는 전략으로 화웨이는 꾸준히 성장하여, 세계 메이저 회사와 치열한 경쟁에서 생존하게 되었다. 화웨이의 발전전략은 우선 농촌을 중심으로 성장하여 이 성장 기세로 도시를 포위하는 전략이었다.

농촌진출 성공 후, 자신의 특허장비를 개발하기 위하여 화웨이는 회사 내 지적재산권부서(知识产权部)를 설립하고, 베이징에 연구개발센터를 설립했다. 1995년 화웨이의 매출액은 이미 15억 위안에 달했다. 이는 국영기업이 아닌, 민영기업이 통신장비 판매로 상당한 성과를 거둔 것이며, 이런 성공으로 어려운 초창기를 넘겼다.

21세기 들어서, 화웨이는 유럽과 미국에서 크게 성장하였고, 2005년, 화웨이의 해외 매출액은 이미 중국 매출액을 초과했다. 상승세를 탄 화웨이는 독일 지멘스 등과 협력하여, 합자기업을 설립해 국제화를 강화했다. 2010년 화웨이는 굴지의 대기업이었던 지멘스를 넘어 세계 2위(당시 1위는 에릭슨)의 통신장비 공급업체로 성장했으며, 레노버(联想)와 함께 세계 500대 기업에 진입한 중국기업이 되었다(2020년 현재 세계 500대 기업 중, 중국기업은 100여 개이다).

최근 몇 년 동안 화웨이는 휴대전화 시장에 진출하여 괄목할 만한 성장을 이루었고, 현재 세계 2~3위의 핸드폰제조 강자로 부상했다. 그리고 화웨이는 에릭슨을 넘어 세계 최대 통신장비 공급업체가 되었으며, 전 세계 약 170개 나라 및 지역에 사무소(중국과 수교한 나라는 178개국)를 개설했으며, 전세계에 1,500종이 넘는 휴대전화카드를 통해 통신서비스를 제공하고 있다.

표 1 스마트폰 시장점유율(2019년 1분기, 판매량 기준)

업체	전 세계	북미	아시아· 태평양	서유럽	중·동부 유럽	중동· 아프리카
삼성전자	21.7%	30.2	11.7	31.3	30.1	35.2
화웨이	17.9% (2위)	0.7 (10위권)	19.8 (1위)	23.7 (2위)	28.7 (2위)	15.0 (3위)
애플	13.0%	34.7	9.3	23.5	7.4	6.3

출처: 스트래티지애널리스틱, https://news.v.daum.net/v/20190521033531510

표 2 유럽특허청(EPO)기업별 특허 출원 순위(2019년 기준)

1	화웨이	3,524	중국
2	삼성	2,858	한국
3	LG	2,817	한국
4	유나이티드 테크놀로지스	2,813	미국
5	지멘스	2,619	유럽특허청 회원국
6	퀄컴	1,668	미국
7	에릭슨	1,616	유럽특허청 회원국
8	로열 필립스	1,542	유럽특허청 회원국
9	소니	1,512	일본
10	로버트 보쉬	1,498	유럽특허청 회원국

또 화웨이는 5G 특허기술 1위 기업으로 전 세계 특허에서 50% 정도를 차지한다. 중국 혁신의 아이콘이라 할 수 있다. 적극적으로 유럽시장에 진출 중인 화웨이는 2019년 유럽특허청(EPO) 특허 출원 기업 1위에 올랐다. 화웨이가 유럽특허청 특허 출원 1위에 오른 것은 2019년이 처음이다. 삼성과 LG는 각각 2, 3위를 차지했다.

2. 글로벌 회사로 가는 길

1995년부터 런정페이는 해외진출을 결심했다. 화웨이가 국제화를 시작한 초기단계(1996~2004)에는 해외시장에서의 열세를 극복하는 것이 주요 과제였다. 외국계 기업은 현지기업보다 원가가 높을 수밖에 없었다. 중국과 현지시장의 문화가 달랐고, 각국 제도의 상이함도 진입 문턱을 높였다. 당시 화웨이는 세계적으로 이름 있는 기업도 아니었고, 초기에는 기업의 국제화를 추진할 인재도 부족했다. 하지만 화웨이는 불굴의 투지로 해외진출을 시도했다.

(1) 초기 진입단계에서의 문제점과 해결책

1) 제도·문화차이 축소

각국의 제도를 명확히 파악하기 위하여 1998년 화웨이는 국제시장부서를 설립하여 해외 자회사를 위한 법률지원을 하였다. 이는 확장되어 1999년에 법률사무부서가 되었다. 법률사무부서의 하위부서로 지식재산권, 투자법률부, 종합법률부가 있었다. 법률사무부서에서 약 100개 국가 및 지역의 제도, 시장환경, 세금정책, 현지소비자 소개, 기타 현지사정 등이 포함된 해외 투자지침을 2년간 만들어 해외자회사들의 현지 적응을 도왔다. 런정페이는 기업이 현지법을 준수해야 한다고 강조하였다. 특히 납세를 잘 하는 것이 화웨이의 의무라고 강조하였다.

현지 문화에 적응하려면 보통 오랜 시간이 걸린다. 예를 들어 중동의 자회사에서 중국직원이 장난치며 현지직원의 엉덩이를 쳤는데 이는 무슬림의 입장에서 매우 부적절한 행동이었다. 이렇게 문화 차이로 인한 갈등이 일어나자 화웨이는 전 직원들에게 문화교육을 시키기 시작하였다. 중동의 자회사는 전문적으로 무슬림 문화를 직원들에게 가르쳤다.

또 다른 예로 브라질 사례를 볼 수 있다. 화웨이는 브라질로 시장을 확장하고자 했다. 하지만 당시 브라질 고객들은 화웨이 제품에 관심이 없었다. 화웨이 판매팀이었던 판허우화(范厚华)는 고민 끝에 삼바 춤과 그들의 문화를 배웠다. 이를 활용하여 그는 비즈니스 회의 전에 고객과 삼바 춤을 췄다. 그가 고객에게 보여준 현지문화에 대한 존중 덕분에 마침내 브라질에서 첫 번째 주문을 받게 됐다. 이와 같이 현지풍속에 먼저 적응하는 것은 화웨이가 해외시장을 개척하고 확장하는데 중요한 원칙이 되었다.

국제화 속도를 빠르게 진척시키기 위해 화웨이는 현지직원을 대거 고용하였다. 현지시장 개척을 할 때 중국직원을 파견하기 전에 현지직원을 먼저 고용하여 업무운영을 맡겼다. 현지직원은 현지 문화, 제도, 시장수요에 더 익숙했다. 또한 중국에서 직원을 파견하는 것보다 부대비용이 덜 들었다. 동시에 현지직원의 고용은 현지 취업률에 기여할 수 있어 제품 이미지에도 좋았고, 사회적 책임도 질 수 있었다. 이에 따라 화웨이는 일찍부터 현지직원들을 많이 고용하였다. 예를 들어 화웨이에서 제일 큰 해외 연구개발센터인 인도개발센터는 80%가, 한국과 홍콩은 70%, 중동과 북미는 50%, 아프리카는 50%, 남미는 73%가 현지직원이다.

2) 변방에서 중심으로

경쟁상대인 다국적기업과 비교했을 때 화웨이는 선진기술과 국제화경험이 부족하였다. 화웨이는 우선적으로 고객을 개척해야 했다. 화웨이는 여러 국가에 일부 직원을 보내 현지시장을 개척하고 잠재고객을 발굴하였다. 초기 화웨이는 국제화 타깃을 개발도상국에 두었고, 다국적기업과 바로 경쟁하지는 않았다. 왜냐하면 당시 선진국 운영업체에게 화웨이 제품을 구매해달라고 설득하기 어려웠고 다국적기업들은 개발도상국과 신흥시장의 통신설비시장에 관심이 없었기 때문이다. 화웨이는 신흥시장이 잠재력과 가능성이 있다고 믿고 진출하였다. 화웨이는 개발도상국 시장으로 시작하여 천천히 선진국 시장에 진출하려는 계획을 세웠다. 이는 모택동이 농촌에서 시작하여 도시로 공산혁명을 이끈 것과 유사하다.

이러한 계획에 기초하여, 화웨이는 1996년 러시아, 1997년 라틴아메리카시장, 1998년 아프리카, 2000년 아시아시장에 진출하였다. 이 시기에 진출한 국가들은 중국과 시장발전 정도가 비슷했다. 현지고객들은 가격에 매우 민감했고, 제품 품질에 대한 요구 수준이 높지 않았다. 따라서 화웨이는 제품의 특별한 성능개량 없이 중국시장 제품을 개발도상국시장에 납품하였다.

당시 화웨이는 선진국에도 진출하였는데, 선진국이라고 하더라도 메이저 기업들이 소홀하게 여긴 소규모 고객들에게 먼저 접근하였다. 초기 유럽시장에서 화웨이는 소형 통신회사와 계약을 하였는데 화웨이는 최고의 가성비로 그들을 만족시켰다. 예를 들어 영국의 작은 통신회사인 Evoxus는 대형통신회사와 경쟁하여야 했다. Evoxus가 당면한 문제는 원가를 낮추는 것이었다. 화웨이는 이 회사에 저렴한 가격에 설비를 제공하고, 무료로 수리와 업그레이드를 해주기로 하였다. 원가가 낮을 뿐만 아니라 제품성능도 에릭슨과 같은 대형회사와 비슷한 것을 보고, Evoxus는 화웨이 제품을 선택하였다.

3) 브랜드 이미지 제고

화웨이가 세계에 진출할 당시에는 중국제품에 대한 의심이 팽배하였다. 특히 화웨이는 첨단제품을 주로 수출했는데, 이전에는

그림 1 화웨이 로고 변화

출처: 화웨이 홈페이지

첨단제품을 수출하는 중국기업이 거의 없었기 때문에 외국고객에게 기술력을 꾸준히 증명하여야 했다. 화웨이는 보통 가성비를 홍보하였다. 같은 성능의 제품을 저렴한 가격으로 제공할 수 있음을 주로 강조하였다. 또한 화웨이는 오랫동안 매년 매출액의 10% 이상을 연구개발에 투자해왔다. 기술발전과 동시에 화웨이는 브랜드 이미지 제고를 위해 노력하였다.

기업 쇄신의 특징을 엿볼 수 있는 것 중 하나는 로고의 변화이다. 상표와 브랜드는 기업의 표식과 상징이다. 2006년 5월 8일 화웨이는 로고를 바꾸었다. <그림 1>의 왼편이 기존 로고이고 오른쪽에 있는 그림이 바뀐 로고이다. 기존 로고의 진취성을 유지하면서 문양을 단순화하였다. 바뀐 로고의 아랫부분이 한 점으로 모이는데 이는 고객을 위하고 고객의 요구를 가장 중요시 하겠다는 가치관의 표현이다. 단순화한 것은 많은 사항보다는 몇 가지 중요한 요소에 집중하겠다는 표현이다. 이는 화웨이가 적극적인 혁신을 통해 고객, 파트너와 신뢰 관계를 유지하고, 고객에 집중하는 등 성실한 기업 환경을 만들고 발전하겠다는 의지였다.[1]

---

1) Hu Hao(2014), "华为企业文化建设研究", 海南大学 碩士学位论文, p. 22

처음에 많은 외국소비자들은 화웨이를 알지 못했고, 그들에게 중국은 저가의 신발과 의류 등을 생산하는 개발도상국가로 여겨졌다. 이런 상황에서 화웨이가 첨단기술제품을 외국고객에게 판매하는 것은 매우 어려운 일이었다.

이에 화웨이는 국제박람회를 이용하여 잠재고객에게 자신의 제품과 능력을 선보였다. 예를 들어 1996년 모스크바에서 열린 제8회 국제통신박람회에서 화웨이는 러시아 전문가에게 인정을 받았다. 러시아인들이 보기에 화웨이 제품은 매우 훌륭했다. 그래서 그들은 런정페이에게 물어봤다. "당신들은 선진국의 도움을 받았습니까?" 런정페이는 자신 있게 대답하였다. "화웨이는 선진국의 도움을 받은 적이 없고 모든 제품혁신은 우리의 노력으로 이루어낸 것입니다."

또한 회사홍보의 한 방편으로 화웨이는 잠재고객을 중국 화웨이 본사로 초대하여 참관하고 여행하도록 하였다. 동시에 화웨이는 회사소개를 담은 브로셔, 기념품 등을 준비하였다. 이 외에도 화웨이는 '신실크로드'란 이름으로 고객들을 북경, 상해, 심천, 홍콩으로 여행을 보내주었다. 회사 참관과 중국여행을 통해 고객들은 중국경제와 사회가 발전하고 있음을 느낄 수 있었다. 이러한 노력으로 화웨이는 고객들에게 좋은 인상을 심어줄 수 있었다. 위와 같은 노력과 기술력 상승으로 화웨이의 브랜드가치는 점점 상승했고, 근래 몇 년간 글로벌 통신장비 분야와 최근 5G 분야에서 세계 1위를 달리고 있다.

컨설팅 회사 브랜드파이낸스에 따르면 통신업계 150개 기업의 올해 브랜드 가치와 경쟁력을 분석한 텔레콤 150 보고서에서 2019년에 이어 2020년 '가장 가치 있는 브랜드 톱10', '가장 강력한 브랜드 톱10'에서 1위 기업으로 선정됐다. 화웨이 브랜드 가치는 지난해보다 4.5% 증가한 약 651억 달러(약 79조원)로 조사됐다. 브랜드 등

급은 통신 업계 10개 기업 중 가장 높은 AAA- 등급을 받았다. 화
웨이와 글로벌 5G 시장에서 치열하게 경쟁하고 있는 에릭슨과 노
키아는 가장 가치 있는 브랜드 톱10 부문에서 약 27.8억 달러(약
3.4조원), 약 99억 달러(약 12조원)로 각각 조사됐다.[2] 특이한 점은
가장 가치 있는 브랜드 톱10, 가장 강력한 브랜드 톱10 중 중국 기
업이 모두 4개나 있다는 것이다. 중국은 이제 더 이상 경공업만 강
한 나라가 아니고 첨단 산업을 이끌어가고 있는 나라인 것이다.

보고서는 화웨이는 유럽 등으로 시장을 확대하고, 대외적 어려
움에도 불구하고 성장세를 이어갔다고 평가했다. 화웨이는 2015년
에 브랜드파이낸스가 선정한 글로벌 통신장비 부문 가장 가치 있는
브랜드 톱10에 2위로 처음 선정되었고, 2016년 시스코를 제치고 1
위로 등극한 이후 지금까지 5년 연속 1위를 기록을 쌓고 있다. 또,
화웨이는 브랜드파이낸스가 올해 초 발간한 '2020년 글로벌 500대

표 3 가장 가치 있는 브랜드 톱10(Top 10 Most Valuable Brands)

브랜드	브랜드 가치		순위		국적
	2019년	2020년	2019년	2020년	
화웨이 Huawei(华为)	$65,084m	$62,278m	1	1	중국
시스코 Cisco	$21,776m	$23,322m	2	2	미국
노키아 NOKIA	$9,835m	$9,905m	3	3	핀란드
퀄컴 QUALCOMM	$7,456m	$7,158m	4	4	미국
중싱 ZTE(中兴)	$3,180m	$4,357m	5	5	중국
에릭슨 ERICSSON	$2,536m	$2,783m	6	6	스웨덴
코닝 CORNING	$2,425m	$2,166m	7	7	미국
중천과기 ZTT(中天科技)	-	$1,380m	8	-	중국
헝통 HENGTONG (亨通光电)	-	$1,127m	9	-	중국
주니퍼 Juniper	$1,181m	$948m	10	9	미국

....

2) https://news.v.daum.net/v/20200413095250378 인용

표 4 가장 강력한 브랜드 톱10(Top 10 Strongest Brands)

브랜드	브랜드 가치		순위		국적
	2019년	2020년	2019년	2020년	
화웨이 Huawei(华为)	83.2 AAA-	84,28 AAA-	1	1	중국
코닝 CORNING	78.42 AA+	77.4 AA+	2	2	미국
퀄컴 QUALCOMM	75.79 AA+	75.7 AA+	3	3	미국
시스코 Cisco	75.63 AA+	75.3 AA+	4	4	미국
노키아 NOKIA	74.83 AA+	74.6 AA+	5	5	핀란드
에릭슨 ERICSSON	68.26 AA-	70.1 AA	6	6	스웨덴
중싱 ZTE(中兴)	64.17 A+	67.9 AA-	7	7	중국
중천과기 ZTT(中天科技)	-	60.6 A+	8	-	중국
주니퍼 Juniper	61.25 A+	59.1 A	9	-	미국
헝통 HENGTONG (亨通光电)	-	56.0 A	10	9	중국

출처: 박수형, "화웨이, 글로벌 통신장비 분야 브랜드가치 1위" ZDnet Korea 2020.4.13. 요약

브랜드 연례 보고서'에 10위에 선정됐다. 글로벌 통신 장비 회사 간 경쟁은 5G 시대를 맞아 더욱 격렬해질 것으로 전망하였다.

　4) 서비스의 부가가치 제고

　런정페이는 화웨이를 구매하는 해외 고객들이 품질 때문에 구매하는 것은 아님을 알았다. 따라서 화웨이는 고객들에게 다양한 부가가치를 제공하였다.

　첫째, 화웨이는 고객에게 무료샘플을 제공하였다. 2001년에 프랑스 통신회사 Neuf가 처음 공급상 명단을 확정할 때, 화웨이는 명단에 없었다. 화웨이는 기회를 잡기 위해서 Neuf회사에 무료로 3개월 인터넷망을 테스트할 수 있게 해주었다. Neuf의 CEO는 화웨이의 제품성능에 만족하면서 화웨이에게 기회를 약속하였다. 선진국에서 화웨이가 가격 면에서만 경쟁력을 갖는 건 아니었다. 선진국

고객사들은 가격도 고려했지만 품질을 더 우선시했다. 특히 유럽고
객들은 제품품질을 더 중요하게 생각했다. 하지만 이러한 고객들의
까다로운 요구를 화웨이는 모두 만족시켰다.

둘째, 화웨이는 현지 시장수요에 빠르게 반응하며, 고객에게
부가가치를 제공하였다. 고객의 입장에서 먼저 생각하여 서비스를
제공하였다. 예를 들어, 현장상황이 아무리 안 좋아도 화웨이 엔지
니어는 적시에 납품하였다. 또한 설비에 문제가 생겼을 때 화웨이
제품의 문제가 아니더라도, 화웨이는 일단 먼저 수리해주고 이후
책임과 비용문제를 논의하였다. 이러한 전략은 중국에서 이미 성공
한 경험이 있었기에, 중국의 성공경험을 바탕으로 해외에서도 이러
한 서비스를 이어나갈 수 있었다.

(2) 글로벌 운영 전략

1) 글로벌 협력

화웨이는 상당수의 특허와 핵심기술을 보유하고 있지 않으면
다국적기업과 경쟁이 어렵다고 생각했다. 따라서 화웨이는 글로벌
연구개발 네트워크에 집중 투자하였다. 2005년에 화웨이의 자회사
는 이미 세계 각지에 퍼져 있었다. 각 자회사들이 각각의 회사가
아닌 하나의 유기체로 조직의 한 부분을 담당하였다. 화웨이는 유
기적 관리를 통해 시너지 효과를 실현하였다. 2014년까지 화웨이
는 16개 연구개발센터와 28개 협력 연구개발센터를 설립하고, 세
계 유명대학과 200개 이상의 프로젝트를 진행하였다.

연구개발센터가 경쟁회사 부근에 있는 경우(네덜란드, 핀란드,
스위스)를 제외하고는, 해외 연구개발센터의 제일 주요한 기능은 기
술발전과 업그레이드였다. 따라서 연구개발센터 위치선택의 주요
원칙은 현지 기술과 인재가 집중된 곳이었다. 예를 들어 화웨이는

소프트웨어 개발과 프로젝트 관리에 강점을 갖고 있는 인도의 벵갈루루에 연구개발센터를 세웠다. 러시아에는 수학자가 많아서, 러시아 연구개발센터는 수학계산에 주력하게 하였다. 스위스는 무선기술방면의 전문가가 많아서, 스위스 연구개발센터는 무선기술영역에 주력하게 하였다. 이 외에도 화웨이는 런던에 글로벌 디자인센터를 세우고, 일본에 미세디자인과 품질통제센터를 세우고, 미국에 빅데이터 운영시스템과 칩 개발센터를 설립하였다. 또한 파리에 세계적으로 유명한 디자이너가 집중되어 있으므로, 최근 화웨이는 파리에 미학 연구개발센터를 세웠다.

화웨이는 글로벌 선진 IT시스템으로 글로벌 자원을 배분하였다. 각각의 연구개발센터가 서로 다른 역할이 있지만 과학자와 엔지니어들은 컴퓨터만 켜면 서로 정보와 생각을 교환할 수 있었다. 화웨이는 클라우드 센터를 베이스로 모든 정보는 세계 각지의 직원에게 보낼 수 있도록 하였다. 즉, 직원들이 같은 사무실에서 일하는 것과 같은 효과를 주었다. 이런 방식으로 화웨이는 전 세계 모든 연구개발센터가 모두 협력할 수 있고 시너지 효과를 낼 수 있게 만들었다.

2) 낮은 인수합병 비율

기업이 해외에 규모를 확장하는 방식은 내부성장과 인수합병이 있다. 그 중 화웨이는 주로 내부에서 성장하는 방식을 택하였다. 인수합병은 해외에 진출하는 가장 쉬운 방법이다. 현지 회사를 인수하기에 현지의 소비자들에게 더욱 친숙하게 다가갈 수 있고, 기술 합병도 더욱 손쉽게 할 수 있다. 하지만 인수 합병에도 단점이 존재한다. 회사와 회사간의 병렬식 연결이기 때문에 두 회사의 기존 가치관과 문화의 마찰이 일어나고 인력이 비효율적으로 돌아가게 된다. 구조조정을 하더라도 기존 회사의 인력에서 회사에 대한 충성심이 떨어지고 인수 합병하는 데 투자한 만큼 이득을 못 볼 수도 있다. 또한 만약 회사의 능력이 충분하지 않다면, 인수합병한 회사의 기술과 화웨이가 보유하고 있는 기술을 융합하지 못할 수도 있다.

화웨이의 임원들은 다른 회사를 인수하여 합병하는 것을 꺼려하였다. 그들이 느끼기에 인수합병은 매우 빠르게 시장의 변화에 대응할 수 있지만, 인수합병으로 화웨이가 그들의 핵심기술을 얻을 수 있다고 생각하지 않았다. 따라서 내부혁신은 상대적으로는 더 느릴 수 있지만, 길게 보면 더 안정적으로 갈 수 있었다. 화웨이는 한 걸음씩 성장해 나가는 길을 택하였다. 보통 중국기업들이 브랜드파워와 기술력을 얻기 위해 인수합병을 많이 선호하는데, 화웨이의 전략은 다른 중국기업들과 달랐다.

비슷하지만 다른 기업,
화웨이와 중싱(ZTE)의 비교 분석

1. 중싱(ZTE)의 기업발전사

미·중무역전쟁에서 주목을 받은 중싱통신(ZTE)은 화웨이와 같은 중국의 통신장비업체이다. 중싱통신(中兴通讯, ZTE) 본부는 광동성 선전시 남산구 과학기술 남로 55호(广东省 深圳市 南山区 科技 南路55号)에 있으며, 1985년에 설립되었다. 중싱이라는 회사명의 유래는 화웨이와 비슷하다. 화웨이(华为)가 '중화민족을 위하여 분투한다, 중화민족을 위한다'는 뜻이라면, 중싱(中兴)은 '중국 번영을 취한다(取中国兴旺之意)'는 의미이다.

세계 4대 통신장비회사이면서, 휴대전화 메이저 제조업체인 중싱은 홍콩과 선전에 상장했다. 국영기업이면서 상장했다는 점에서, 민영(사)기업이면서 비상장기업인 화웨이와 다르다. 주요 제품은 2G/3G/4G/5G 무선기지와 핵심네트워크, IMS, 칩, 스마트교환기, 스마트폰, 빅데이터, 데이터센터, 휴대전화, ICT 업무, 항공/철도/도시 교통신호전송설비 등이다.

중싱 또한 화웨이와 같이 통신장비와 휴대폰 생산 및 판매로 성장한 기업이다. 중싱은 설립 다음해인 1986년부터 선전연구소를 설립하여 연구개발에 주력하였다. 1990년 중싱은 독자적으로 데이터디지털 사용자 교환기 ZX500을 개발하였다. 중싱은 1996년에 해외로 진출하였으며, 1997년 선전에 상장했고, 1998년 미국에 연구소를 설립했다. 1999년에는 'ZTE189' 휴대전화를 출시했고, GSM900/1800 이동통신 시스템을 출시해 해외로 수출했다. 2000년, 중싱 매출액이 100억 위안을 돌파했다.

　또한 세계 유수의 기업과 협력하고 해외 시장 개척에 적극적으로 나선 것도 화웨이와 비슷한 이력이라고 볼 수 있다. 2000년부터 2005년까지, 중싱은 글로벌 IT 거인인 인텔, 마이크로소프트, IBM 등과 연이어 협력했다. 2005년 중싱은 "MTO 전략"을 수립하고, 적극적으로 해외시장을 개척하고자 했다. 영국회사와 30만대의 WCDMA 단말 계약을 체결하고, 3G 단말기로 처음으로 유럽시장에 진출하여 상당한 성공을 거두었으며, 당시 《Businessweek》로부터 글로벌 IT 100대 기업으로 평가받았다.

　이러한 노력의 결과 중싱은 2008년 전세계 IT 100대 기업에 진입했고, 미국 '3G CDMA 상'을 수상했으며, 전 세계 140여 개국과 지역에서 500여 개 기업에 서비스를 제공하고, 기지역 발송량에서 전 세계 신흥시장의 18%를 차지했다. 2010년 중싱은 중국 특허부문의 최고상인 '중국 특허상'을 수상했다. 2011년부터 중싱은 4G시대를 열었고, 최근 5G로 나아갔다.

　중싱은 줄곧 기술혁신과 국제화를 추진하였다. 통신장비 시장은 매우 개방되었기 때문에, 창립 초부터 중싱은 중국시장을 점유하고 있었던 후지쯔(富士通), 지멘스, 모토로라, 알카텔 루슨트, 벨 등 다국적 기업들과 경쟁을 시작하였다. 20여 년 동안 다국적 기업들은 쇠락했지만, 중싱은 화웨이와 함께 다국적 기업들을 능가하고, 통신장비시장의 판도를 재편성하였다. 2018년 중싱의 네트워크 실현영업수익은 570.7억 위안이었고, 정부기업업무(政企业务) 수익은 92.3억 위안, 소비자 업무 영업수익은 192.1억 위안이었다.

화웨이와 중싱은 비슷한 시기에 국제화하였다. 1998년 러시아 금융위기때, 많은 은행들이 파산했는데, 화웨이는 러시아에서 철수하지 않았을 뿐만 아니라 오히려 러시아에 대한 투자를 늘렸다. 당시 중싱과 다른 중국기업들은 러시아에서 철수하였다. 당시의 결정으로, 화웨이는 러시아에서 매년 10억 달러 이상의 수익을 올리는데 반해, 중싱은 러시아에서 입지가 약화되었다(이는 천안문사태 이후, 많은 외국기업들이 중국을 떠났는데, 일본 파나소닉은 중국에 남았고, 이후 중국에서 파나소닉이 입지를 강화한 것과 비슷하다).

2000년대에, 화웨이는 중싱과 격차를 크게 벌리기 시작했다. 회사자료에 따르면 화웨이는 2011~2014년 유럽, 중동 및 아프리카 지역에서 수익규모가 729.56억 위안에서 1009.9억 위안으로 확대되고 있으며, 아메리카(미주) 지역의 수익은 매년 약 300억 위안, 유럽-미주 첨단시장의 수익규모는 약 1,030~1,300억 위안이다. 중싱은 유럽과 오세아니아주에서 2011~2014년 수익규모는 약 200~225억 위안에 불과하며, 아프리카 연간 수익규모도 100억 위안을 넘지 못하였다.

개발도상국의 통신회사로서 유럽과 미국 등 선진국 시장에 진출하는 것은 어려운 일이었지만, 화웨이는 선진국 시장에서 이미 선두를 달리고 있고, 시장 개척 능력도 중싱보다 뛰어났다. 그 원

표 1 화웨이, 중싱 세계 500대 기업내 순위

연도	2010	2011	2012	2013	2014	2015	2016	2017	2018	2019
화웨이 순위	397	392	351	315	285	228	129	83	72	61
중싱 순위	-	-	-	-	-	-	-	-	-	-

* 중싱은 세계 500대 기업에 아직 진입하지 못함

인은 여러 가지가 있겠지만 그 중 하나로 두 회사의 경영전략과 기업문화의 차이로 인해 현재 국제시장에서 규모 차이가 발생했다고 생각해볼 수 있다.

2. 기업 창업자 및 기업문화 차이

(1) 화웨이와 중싱(ZTE)의 창업자

1) 화웨이 창업자 — 런정페이

화웨이 창립자 런정페이(任正非)는 1944년 10월 25일 교사부부인 양친 슬하에서 태어났다. 런정페이는 귀주(貴州)성 지방 산간마을에서 초등 및 중학교 시절을 보내고, 중경건축공정학원에서 수학했다. 대학졸업 후, 토목업계에 종사하다 1974년 군 공병단원으로 리아오 양 화학섬유공장(Liao Yang Chemical Fiber Factory)의 설립에 참여하였다.

▲ 런정페이

이후, 런정페이는 기술자와 엔지니어를 거쳐 부연대장급인 부국장으로 승진했다. 탁월한 실력과 실적을 바탕으로 런 창립자는 1978년 전국과학대회, 1982년 제12차 중국공산당전국대표대회에 초청받아 참석하였다.

런정페이는 1983년 퇴역 이후 선전 남해정유공사(Shenzhen South Sea Oil Corporation)의 물류서비스 기지에서 근무하다, 1987년 자본금 21,000위안으로 화웨이를 설립하였다. 이후 그는 1988년부터 현재까지 화웨이의 최고경영자이다.

2) 중싱(ZTE)의 창업자 — 허우웨이구이

중싱의 창업자 허우웨이구이(侯为贵)는 1942년생, 한족(汉族), 섬서 서안(陜西 西安)출신이고, 난창대학(南昌大学)을 졸업했다. 허우웨이구이는 1980년대 창업한 중국 제1세대 기업가이자, 해방 후 국가

▲ 허우웨이구이

가 육성하는 첫 번째 엔지니어다. 중싱 창시자이면서 현 중싱 회장이고, '국가 주식소유, 권한위임 경영체제'를 창립했다. '2004년 CCTV 중국 경제인물' '중국 정보산업 10대 경제인물' '중국 10대 과학기술 지도자' 등 영예를 얻었다.

허우웨이구이는 매우 온화하고 겸손한 인품을 지니고 있다. 허우웨이구이는 10여 명의 소기업에서 시작해, 중싱 발전의 기초를 다졌고, 통신장비제조로 기업의 사업방향을 정했다. 이 방향은 성공했고, 마침내 세계 굴지의 대기업이 되었으며, 중국통신업 발전에 크게 기여했다. 30여 년간, 허우웨이구이는 지혜롭게 회사를 운영해왔으며, 국유기업이 빠지기 쉬운 함정을 피하면서 지속적인 성장을 유지했다.

허우웨이구이(侯为贵)는 전형적인 동양기업가였지만, 서방기업의 경험을 배우고자 했다. 런정페이(任正非)의 사업경향은 서방기업가에 가까웠지만, 그들은 모두 중국 사업환경을 잘 이해하고 있다.

(2) 화웨이와 중싱(ZTE)의 기업문화 차이

1) 화웨이 기업문화

화웨이 기업문화는 네 가지 특색이 있다.

• 늑대문화

화웨이 발전과정에서, 런정페이는 위기에 대해 특별한 경각심을 항상 가지고 있었고, 관리이념에서도 (사업에 대한) 예민한 본능을 지니고 있다. 그는 기업운영이 늑대(떼)와 같아야 한다고 생각한다. 화웨이는 '늑대'를 매우 숭상하고, 늑대는 세 가지 특성을 가지고 있다: 첫째, 예민한 후각. 둘째, 불굴의 공격정신. 셋째, 떼를 지어 분투(奋斗)함. 늑대는 화웨이 기업문화의 상징이 되었고, 시장과 고객에 대한 예민한 후각, 비즈니스에 대한 고도의 집중력, 끊임없는 도전과 개척, 개인플레이보다 팀워크를 강조한다.

이처럼 화웨이는 시장에서의 치열한 경쟁에서, 불굴의 늑대문화를 만들었다. 이 중 제일 중요하게 강조한 것은 인내, 단결, 공격, 민첩함이다. 유혹을 통제하고, 인내하며 중요한 기회를 얻었을 때 공격한다. 늑대문화의 또 다른 특징은 빠르고 정확하게 현실을 반영한다는 것이다. 변화무쌍한 시장에서 승리를 얻기 위해 더 큰 경쟁력을 가진다. 제일 중요한 건 속도이다. 민첩하게 경쟁 상대의 최신동향을 파악하여 경쟁한다. 화웨이 마케팅부서의 구호 중 하나는 '승자는 축배를 들고 서로를 축하하고, 패자는 죽을 힘을 다해 서로를 구한다(胜则举杯相庆 败则拼死相救)'이다. 이 구호 속에서도 화웨이의 늑대문화를 유추해볼 수 있다.

• 야전침대문화

창업 초창기부터, 모든 직원들의 책상 밑에 매트 하나가 놓여 있으며, 마치 군대의 야전침대와 같다. 직원들이 야근 및 잔업할 때 매트 위에서 잠을 잔다. 이런 작업방법은 '야전침대문화'라고 불렸고 화웨이를 대표하는 기업문화가 되었다.

• 분홍신을 신지 않다(주력업종에만 집중)

화웨이 기본법(华为公司 基本法) 개편에서, 핵심가치관 제2조(核心价值观 第二条)에는 다음과 같은 내용이 있다: "세계일류 통신장비 공급업체로 발전시키기 위해 정보서비스업에 영영 들어가지 않을 것이다(为了使华为成为世界一流的设备供应商，我们将永不进入信息服务业)."

런정페이는 분홍신이 매력적이고, 통신제품 외 이윤과 같지만,

기업은 그것을 신으면 벗을 수 없고, 그것의 움직임이 멈추지 않아서 죽을 때까지 춤춰야 한다고 말했다. 이에 따라 아랫사람에게 주력업종 외 분야의 풍성한 이윤 유혹을 견뎌야 한다고 경고했다. 즉, 분홍신을 신지 말고(다른 분야에 한 눈 팔지 말고) 회사의 주력업종에 집중해야 한다. 한국과 중국의 많은 기업들이 ICT 등으로 창업했다가 부동산으로 눈을 돌리는 경우가 많았는데, 이와 대비된다.

• 문화세뇌

화웨이는 매년 많은 대학졸업생을 채용하는데, 직원이 8만 명이 넘는다. 그 중 연구개발 인원은 43%이며 연구원 개개인 수준이 매우 높고, 85% 이상이 명문대 졸업생이다. 그들이 화웨이에 도착했을 때 가장 중요한 관문은 '문화세뇌'이다. 그 중 늑대떼 전투문화(狼群战争文化)는 화웨이 기업문화의 핵심이다.

런정페이는 자원은 고갈될 수 있지만, 문화는 영속할 수 있다고 생각하여, 화웨이만의 기업문화를 만드는 데 심혈을 기울였다. 화웨이는 거대한 조직을 단결시키고 활력을 불어넣는 정신이 필요하다고 보았고, 팀워크를 바탕으로 한 늑대정신을 강조하였다. 화웨이 정신의 핵심은 상호협력이다. 화웨이에서 늑대는 학습모델이며, 직원들에게 늑대근성을 강조하고 있고, 화웨이의 늑대에 대한 집착과 숭배를 외부에서는 이해하기 어렵다.

중국에서 기업문화의 중요성을 제대로 이해하고 자신만의 기업문화를 가진 기업은 많지 않다. 화웨이는 독특한 기업문화로 유명하고, 다음의 단어로 설명되기도 한다: 단결, 봉사, 학습, 혁신, 이익 및 공평 등이다. 그리고 화웨이의 기업문화는 단순히 구호로 그치는 게 아니라, 실제 행동으로 이어지며, 전투적이라는 평가를 받는다.

또한 화웨이와 런정페이는 경쟁과 생존에 남다른 경각심을 가지고 있는데, 기업의 출발점인 통신장비 시장이 성장의 한계가 있기 때문일 수 있다. 예를 들어, 대중 소비품은 시장이 넓고 소비자가 많지만, 통신장비는 중국이 아무리 넓어도 현급 우체국은 수천 개이며 일단 통신장비는 금액도 크지만 한번 설치하고 짧은 기간 내 다시 팔기는 어렵다. 아마 이런 의미에서, 화웨이와 런정페이는 경쟁과 생존을 일찍부터 강조하였고, 조직이 나태해지지 않도록 끊임없이 노력하였다.

2) 중싱(ZTE)의 기업문화

• 중용의 '온청문화(溫清文化)'

중싱과 화웨이는 비록 같은 ICT분야이고, 선전에 본부를 두고 있지만 다른 기업문화를 가지고 있다. 엔지니어 출신인 중싱 창업자 허우웨이구이(侯为贵)는 매우 온화하고 겸손한 사람으로, 중용(中庸)을 중시하며 중싱의 기업문화로 '온청문화(溫清文化)'를 만들어 화웨이의 전투문화와 대비된다. 중싱의 기업문화는 상호 존중, 충실함, 혁신, 우수한 서비스, 브랜드 중시, 과학적 관리 등과 같이 설명된다:

온청문화는 직원들의 존중과 관용을 강조하며 직원들을 푸대접하지 않는다. 그러나 중싱의 '온청문화'는 느슨하지도, 너무 엄격하지도 않는다. 중싱은 더 많은 선택기회, 안정적인 환경을 제공해주어서, '현실주의자의 서식지'라고 불린다.

우수한 졸업생들은 일반적으로 화웨이를 선택하여 몇 년 동안 일하면서 돈을 번 후, 일부는 화웨이를 떠나는데, 그 중 일부는 중싱으로 간다고 한다. 기술자들에게 중싱이 집 같은 (편한) 느낌을 주기 때문이다.

화웨이와 중싱은 창업자의 출신과 개성이 다르기에, 기업문화도 다르게 형성되었다. 엔지니어 출신인 허우웨이구이(侯为贵)는 비교적 소통, 관용과 경험을 중시한다; 군인 출신인 런정페이(任正非)는 복종, 직원에 대한 통제와 통일성을 강조한다. 허우웨이구이는 사람됨이 신중하고 겸손하며, 근검, 관용, 정직, 인정, 경청, 학습을 좋아하며, 물질과 정신을 동등하게 중요시하고, 중용(中庸)과 균형을 강조한다.

반면, 런정페이는 일처리에서 호불호가 분명하고 강직하며, 엄격하고 냉철하며, 과감성향에, 성과지향적이며, 기율과 규범을 강조하고 물질적 보상의 동기부여를 중시하고, 자기사상을 직원들에게 주입시키며, 쌍방향 소통을 즐기지 않는다.

언론에 공개된 허우웨이구이의 사진은 보통 웃는 모습인데, 런정페이의 사진은 보통 심각해 보이며, 사색에 잠겨있다. 두 기업가의 개성이 다르기에. 두 기업의 기업문화는 당연히 다르지만, 사회와 시장에 대한 정확한 이해, 강한 연구개발능력 등은 두 기업의 공통된 성공요인이다.

화웨이 못지 않게, 중싱도 연구개발을 중시하며, 많은 비용을 연구개발에 투자한다. 중싱의 연구개발비용은 영업수익의 10% 정

표 2   중싱 연구개발 비용(단위: 억 위안)

연도	영업수익	연구개발 비용
2013	752.3	73.84
2014	814.7	90.09
2015	1002	122
2016	1012	127.6
2017	1088	129.6
2018	855.1	109.05

출처: 중싱 연례보고서 2013~2018

도이다. 또한 국가 863첨단기술성과전환기지이며, 30여 개의 863 과제를 수행하고 있다.

런정페이와 허우웨이구이는 성향도 기업운영스타일도 다르지만, 한 가지 공통점이 있다. 둘 다, 대면노출이 매우 적다는 점이다. 이 점은 광동성 선전에 본부를 둔, 중국 IT 공룡 텐센트의 마화텅(馬化騰, 영문명 Pony Ma) 역시 마찬가지이다. 알리바바의 마윈(馬雲, 영문명 Jack Ma)이 강연 등을 통해, 대중노출을 즐기는 것과는 사뭇 대비된다.

화웨이의 기업문화 상징이 늑대라면, 중싱의 상징은 황소이다. 런정페이는 언론과 접촉을 피하고 회사사람이 미디어와 인터뷰를 못하게 한다. 마치 늑대같이 거칠고 강한 느낌이다. 반면, 허우웨이구이와 중싱은 묵묵히 일하는 황소스타일이다. 자기를 드러내지 않고, 언론에 알리지도 않으며, 언론과의 마찰을 피한다.

(3) 조직구조와 인력자원관리 차이

1) 조직구조

전략이 조직구조를 결정하기도 하고, 조직구조가 전략을 결정하기도 한다. 중국에서는 화웨이가 상기의 말을 잘 이해했기에, 발전했다고 분석한다. 화웨이는 점진적으로 전략을 조정하면서, 동시에 리엔지니어링과 조직구조 변혁을 실시하며 초기의 직선형 조직구조에서 점차 제품중심의 조직구조로 변해가고 있다. 그리고 전략적 사업별 사업부와 지역전략별 지역회사로 조직구조가 나뉘어 있다.

사업부제는 개발, 생산, 판매, 고객서비스 등을 담당하고 있으며, 지역회사는 회사의 자원개발에 유효하다. 전략적 사업에 따라 나뉘는 사업부와 지역전략에 따라 나누는 지역회사들은 화웨이의

그림 1 메트릭스 조직 예시(화웨이)

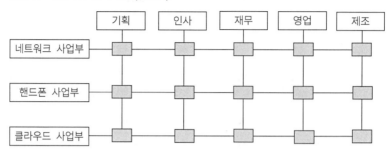

가장 주요한 이윤센터로, 사업부의 지역회사가 수익을 내면서 회사의 발전을 견인했다.

　회사규모가 커지면서, 런정페이는 사업부와 직무로 나눌 수 있는 매트릭스 조직이 유연한 제품관리 방식일 뿐만 아니라 권력집중화를 막는 데 효과적이라고 생각했다. 부단한 변혁 이후, 화웨이는 비교적 완벽한 매트릭스 조직이 되었고, 전방위 정보교류시스템을 구축했다. 수평적으로는 기능별 전문화원칙에 따라 설립되어 사업단위 지원, 서비스를 제공 및 감독하여 각 사업 운영센터가 지역 플랫폼에서 고객을 중심으로 자체 비즈니스 활동을 수행할 수 있도록 한다. 수직적으로, 업무전문화 원칙에 따라 설립된 4대 업무운영센터가 있으며, 경영관리팀(EMT)을 각각 설치하고 고객수요에 따라 목표, 심사 및 관리체제를 확정한다.

　반면, 중싱의 조직구조는 전형적인 팀관리이다. 1998년부터 중싱은 전 회사를 상대적으로 독립적인 사업부로 나뉘고, 매트릭스 조직(matrix organization)체계와 팀관리를 이어갔다.

• 매트릭스(행렬식) 관리

　중싱의 구조는 준사업부제의 매트릭스조직이다. 각 사업부에 결정권을 위임하여 사업부의 적극성과 유연성을 크게 높이고, 사업부 총책임자 및 경영층은 전체관리사슬의 일부분이 되어서 관리집중화를 막고 관리영역을 분산시키며, 계층별로 분업화하였다. 제품 및 고객 관리작업은 사업부에서 수행하며, 본사는 전략, 기획 및 총체적 관리에 중점을 둔다.

중싱은 매트릭스 조직화하면서, 사업부체제의 자원공유 및 협조부족 등의 문제점을 극복하고, 기존의 전통적 제품부서나 사업부보다 더 유연하고 협력적으로 바뀌었다.

• 팀관리

매트릭스 관리를 추진하면서, 중싱은 팀관리를 강화했다. 제품 총괄책임자는 제품자원 분배 및 관리를 책임지고, 마케팅, 연구개발 및 생산의 전체 조정역할을 담당하며, 사업부의 총괄책임자는 제품 이윤을 책임진다. 한편 연구소소장은 사업부 총책임자가 각 제품의 관리업무와 자원분배에 전반적으로 협조하도록 해주며, 연

그림 2   중싱 마케팅부서 인원현황

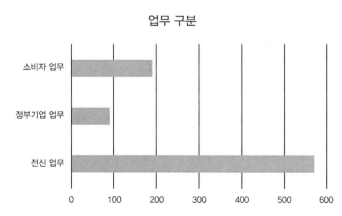

출처: 중싱 연례보고서 2018

구소 각 부서의 종합관리업무를 담당한다. 연구소 각 부서 책임자는 본부서 관리 업무를 수행하면서, 또한 프로세스를 지원하고 협력 플랫폼을 구축한다.

참고로 중싱의 마케팅부서의 인원을 각 업무별로 분석하면 <그림 2>와 같다(중싱 연례보고서 2018).

2) 인력자원채용 및 관리차이

• 화웨이- 고임금 홍보

화웨이는 3고(三高: 고효율, 고스트레스, 고임금)기업으로 알려져 있다. 런정페이는 고임금이 직원들을 강하게 동기부여시키는 인센티브 1순위라고 믿었다. 2000년, 화웨이의 "만인대모집(신입직원 초빙)"에서 홍보의 중점은 '고임금'이었다. 그러나 고임금 전략은 비용을 증가시켰다. 2001년 이후, 중국 통신시장의 성장은 화웨이 예상처럼 빠르지 않았고, 결과적으로 잉여인력이 생기면서 비용부담이 커졌다. 하지만, 런정페이는 잉여인력이 고급인재의 독점을 의미하며, 다른 경쟁상대의 발전을 제약한다고 생각하면서 크게 개의치 않았다.

화웨이는 직원들에게 높은 급여뿐만 아니라 주식 및 기타 혜택도 제공한다. 런정페이는 당시 중국에서 파격적으로 직원 주식소유제를 추진했다. 회사주식의 98.6%를 직원이 소유하고 있으며, 런정페이는 주식의 1.4 %만을 보유하고 있기에, 직원들의 업무동기와 주인의식을 제고시켰다.

2001년 이전, 화웨이는 직원 지분과 배당금을 광범위하게 지급했으며, 직원 임금은 일반적으로 중싱(ZTE)보다 높은 것으로 알려져 있다. 화웨이는 도전을 즐기는 사람들을 중용해왔고, 단기간에 일반직원에서 중급관리자 이상으로 승진할 수 있다. 예를 들어,

한 직원은 수석 엔지니어로 승진했을 때 19세에 불과했고, 다른 직원은 출근한 지 7일 만에 수석 엔지니어로 승진했다.

하지만 화웨이에서, 회사와 직원간의 관계는 순전히 경제적인 계약관계이므로, 직원은 회사에 이익을 창출하면 승진 또는 보상을 받지만, 성과가 좋지 않으면 사임하게 된다. 본인이 자발적으로 사직하지 않더라도, 급여와 혜택을 줄이고 자발적으로 떠나게 한다.

- 중싱 – "세상에 범재는 없고,
       범재란 적절한 곳에 배치되지 못한 인재"

중싱에 3개의 분야(관리, 기술, 업무)가 있는데, 업무나 기술분야 최고직에 오르면 기업총수와 같은 대우를 누릴 수 있다. 중싱은 '어느 전문분야에서든 중국에서 5% 이내에 든 인재'를 자신의 우수인재 기준으로 정했다. 그런데, 허우웨이구이는 인재를 회사로 끌어들이는 것도 중요하지만, 그 인재를 어떻게 활용하는가를 더 중요하게 여겼다.

허우웨이구이는 "세상에 범재는 없고, 범재는 적절한 곳에 배치되지 못한 인재"라고 믿었다. 이러한 생각으로, 중싱은 오랜 연구끝에, 인재를 적재적소에 배치하는 내부시스템을 구성했다. 인재배치시스템의 효율성을 제고하기 위해, 중싱은 두 가지 표준을 수립했다.

첫째, 회사의 인적자원 선정기준을 충족시키는 것이다. 관리층이 한 자리 비는 경우, 회사 전체에 공고가 나며 지원자격이 되는 직원들은 모두 지원할 수 있다. 탑다운 방식으로 관리자가 정해지는 게 아니라, 회사 내 경쟁과 실적을 통해 관리자가 되는 방식이다.

둘째, 직원들의 개인 발전기준이다. 중싱 규정에 따르면, 직원은 근무한 지 2년 후, 부서 이동을 신청할 수 있다. 이때 인사부서는 직원 입장에서 고려해, 직원의 부서이동 원인을 분석하고, 부서와 직원 양측이 객관적인 입장에서 상의하도록 조정해준다.

중싱은 선물옵션(future option)이 긍정적 효과가 있지만, 부정적 효과도 제법 존재한다고 생각했다. 따라서 중싱의 중요한 인센티브는 옵션이 아닌 주로 현금 인센티브로 행해졌다. 2001년부터 중싱의 기본임금은 급격히 증가했으며, 풍부한 보너스와 함께 직원들의 평균 임금과 대우는 중국의 다른 대기업을 능가했다.

중싱은 사람 중심 경영을 구현하기 위해 노력하고 있으며, 감정에 기반하고, 대우 및 업무를 결합하여 직원들을 관리하고 있다. 중싱의 이러한 인적자원관리는 "인간 본성은 착하다"는 허우웨이 구이의 생각에 바탕을 두고 있다. 하지만, 사람중심 경영이 모든 직원에게 자비를 베푸는 것이 의미하지 않는다. 오히려, 적절한 경쟁을 유지하면 업적이 좋은 직원을 회사에 유지시킬 수 있다는 의미이다. 실제로 중싱은 도태제도(淘汰制度)를 실시하고 있으며, 매년 5%정도의 직원을 도태시킴으로써 조직에 긴장과 활력을 불어넣고 있다.

표 3 부처별 직원 비율

종류	직원 수	비율(%)
연구개발	25,969	38.1%
마케팅	9,499	13.9%
고객서비스	10,133	14.8%
생산	16,911	24.8%
재무	998	1.5%

출처: 중싱 연례보고서 2018

중싱은 68,000여 명의 직원이 있는데, 연구개발부서는 25,969명으로, 전체 직원에서 38.1%을 차지하며, 가장 많은 인원을 보유하고 있다. 그 다음으로 생산직이 16,911명이며, 전체 직원에서 24.8%를 차지한다. 마케팅과 고객서비스부서는 비슷한 인원이며, 약 14% 정도를 차지한다. 재무부서는 1.5%를 차지한다(중싱 연례보고서 2018).

(4) 상장여부의 차이[1]

화웨이는 상장할 규모와 능력이 있음에도 불구하고 증시에 상장하지 않았다. 상장하면 자본을 용이하게 구할 수 있지만 기업 경영을 주주에게 보고해야 하고 허가를 맡아야 할 의무가 있다. 따라서 상장기업의 여러 장점에도 불구하고 화웨이는 비상장기업을 택하였고 현재까지 아래의 자본구조면에서도 성공적으로 운영하고 있다. 그렇지만, 많은 서방국가들이 화웨이가 비상장기업이라는 사실에서, 화웨이와 정부와의 특별한 관계를 의심하고 있다.

표 4 화웨이 연도별 재무제표 주요 계정

(CNY Million)	2013	2014	2015	2016	2017	2018	2019
매출	239,025	288,197	395,009	521,574	603,621	721,202	858,833
영업이익	29,128	34,205	45,786	47,515	56,384	73,287	77,835
순이익	21,003	27,866	36,910	37,052	47,455	59,345	62,656
영업현금흐름	22,554	41,755	52,300	49,218	96,336	74,659	91,384
현금 및 현금성 자산	81,944	106,036	125,208	145,653	199,943	265,857	371,040
운전자본	75,180	78,566	89,019	116,231	118,503	170,864	257,638
자본	86,266	99,985	119,069	140,133	175,616	233,065	295,537
R&D 비용	30,672	40,845	59,607	76,391	89,690	101,509	131,659

출처: Huawei annual report 각 연도

....

1) 김진희·최명철(2019), "중국혁신의 아이콘, 화웨이의 발전과정 연구", 경영사학, pp. 27-46 참조.

표 5 화웨이 연도별 유동 자산 부채 비율

	2013	2014	2015	2016	2017	2018	2019
유동자산	186,844	257,105	301,646	355,502	405,261	530,114	703,893
유동부채	111,644	178,539	212,627	239,271	267,685	359,250	446,255
유동비율	1.67	1.44	1.42	1.49	1.51	1.48	1.58

출처: Huawei 연례보고서(annual report) 각 연도

<표 4>의 화웨이의 연례보고서를 보면 2017년 영업현금흐름은 963억 3,600만 위안으로 2013년에 비해 네 배가량 증가했다. 부채상환능력은 기업이 자금으로 빚을 갚을 수 있는 능력을 말하며 기업의 재무상태 및 경영능력을 반영한다. 기업이 현금을 지급하고 빚을 갚을 능력이 있는지가 기업의 생존과 건전한 발전의 관건이다.

단기상환능력 분석에서 화웨이의 유동비율은 기본적으로 안정적이고 합리적인 범위 내에서 유지된다. <표 5>에 나온 것과 같이 화웨이의 유동비율이 1.4~1.7로 유지되는 것은 그만큼 회사의 단기상환능력이 강하다는 뜻이다.

3. 화웨이 및 중싱(ZTE)의 제품전략 및 수익 비교

(1) 제품전략 비교

다음 도표는 중싱 업무 구성에서 사업자 업무가 주요 구성 부분이고, 화웨이의 소비자 업무가 주요 부분을 차지하는 등 화웨이의 제품군 규모가 중싱을 능가하고 있음을 알 수 있다.

그림 3 화웨이, 각 분야 영업수익(억 위안)

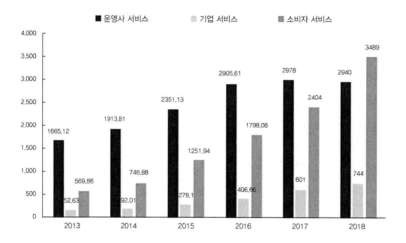

출처: wind, 동방증권연구소(东方证券研究所)

그리고 중싱의 국제시장영업수익은 310.7억 위안이고 회사 전체수익의 36.3%를 차지하였다(중싱 연례보고서, 2019). 중싱의 중국 내 특허신청건은 7만 3천 건이 넘고, 세계특허건은 3만 5천 건이 넘는다.

중싱과 화웨이의 제품군과 업종이 비슷하며, 두 회사 모두 통신장비분야로 시작해서 스마트폰 등으로 발전하였다. 초창기 사업

그림 4   중싱, 각 분야 영업수익(억 위안)

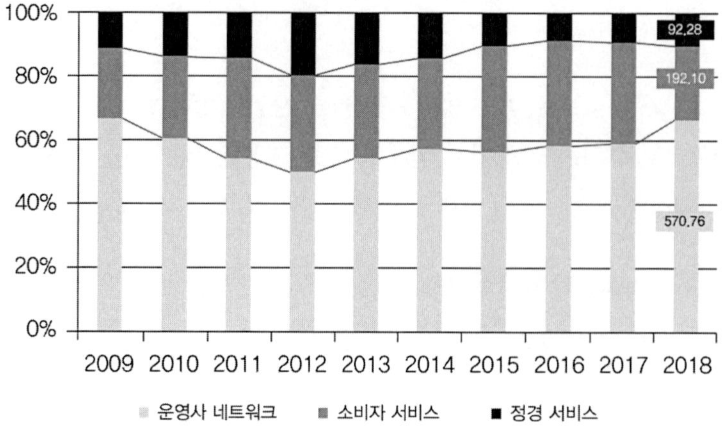

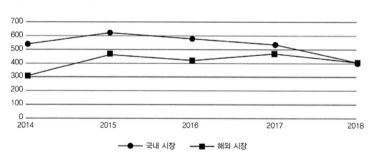

출처: 중싱 연례보고서(2014-2018년)

그림 5   국내외 영업액 대비

출처: 중싱 연례보고서(annual report, 2014-2018년)

자본은 중싱이 훨씬 많았지만, 현재는 화웨이가 중싱보다 규모도
더 크고, 인지도도 더 높다.

　화웨이의 후허우쿤(胡厚崑) CEO는 2018년 신년사에서 '화웨이
가 2017년 연간 매출액 6,000억 위안을 돌파해 전년 동기대비
15% 성장했다"고 밝혔다. 6,000억 매출액은 완다 매출액의 3배

표 6 화웨이의 주요 제품 및 서비스

기업 업무 및 서비스	사업자 업무 및 서비스	소비자 업무 및 서비스
네트워크	해결책	스마트폰
기업광 전송 및 접속	디바이스 클라우드화	노트북
클라우드 데이터 센터	네트워크 클라우드화	플랫폼(平板)
서버―스마트 컴퓨팅	업무 클라우드화	스마트 액세서리
기업 무선화	네트워크 가치 극대화(Maximize network value : 最大化网络价值)	스마트홈
스마트 보안	무선 네트워크	소프트웨어 애플리케이션
기업협력	네트워크	Terminal cloud service (终端云服务)
업계 유능화 (Industry enabling : 行业使能)	클라우드 핵심네트워크	EMUI 제품
서비스	서비스 및 소프트웨어	PC 소프트웨어
관리 시스템	IT 인프라	
사물인터넷	네트워크 에너지	

출처: 화웨이 회사홈페이지

표 7 한국과 중국 주요기업, 세계 500위 내 순위

연도	2015년	2016년	2017년	2018년	2019년
삼성	13	13	15	12	15
LG전자	175	180	201	178	185
화웨이	228	129	83	72	61
텅쉰	-	-	478	331	237
알리바바	-	-	462	300	182
바이두	-	-	-	-	-
중싱	-	-	-	-	-

중싱과 바이두는 세계 500대 기업에 아직 진입하지 못함

(2017년 万达 매출액 2000억 위안, 万达는 부동산과 문화산업대기업), 알리바바 매출액의 4배(2017년 阿里巴巴 매출액 1,582억 7,300만 위안), 중싱 매출액의 6배(2017년 중흥 매출액 약 1,094억 3,200 만 위안), 샤오미 매출액의 6배(2017년 1~10월 小米 매출액 약 1,000억 위안)에 해

표 8   중싱의 주요 제품 카테고리

단말제품	무선	Bearer network (承载网)	클라우드 컴퓨팅 및 IT 제품	클라우드 핵심 네트워크	접속(망)	에너지 제품
스마트폰	기지국	전송	클라우드 인프라	5G 핵심 네트워크	광접속	통신 에너지
스마트 투영	콘트롤러	데이터 통신	클라우드 관리	Packet core network	동선접속 (Copper wire access: 铜线接入)	정부와 기업에너지
모바일 핫스팟	네트워크 관리	microwave	클라우드 화면(云桌面)	IMS&CS 핵심 네트워크	Fixed network terminal (固网终端)	ZEGO IDC
스마트 라이프			Big video(大视频)	사용자 데이터 통합	GES	
			홈 미디어 센터	스마트 익스프레스		

출처: 중싱 회사홈페이지(中兴通信官网), 천풍증권연구소제도(天风证券研究所制图)

당한다'고 밝혔다(搜狐 : https://www.sohu.com/a/215947017_453997).
2017년 매출액 측면에서, 화웨이는 중싱을 월등히 앞선다. 이러한
기업문화와 성과차이로, 중국 기업계에서는 '화웨이는 늑대, 중싱
은 소'라는 말을 하기도 한다.

초창기 화웨이와 중싱은 세계 선진제품과 기술을 참조하여 발
전했는데, 현재는 화웨이의 제품품질이 중싱보다 더 좋다는 인식이
있으며, 화웨이는 가성비가 뛰어난 것으로 알려져 있다. 화웨이는
운영업체의 인터넷 용량 제고, 최적화 네트워크 관리를 돕고, 고객
에게 선진기술과 고효율의 통신 네트워크를 제공한다. 2013년도부
터 2017년까지 화웨이의 국가별 매출을 보았을 때, 특이한 점은 매
출에서 중국이 차지하는 비중이 점점 커지고 있는 것이다.[2] 이는

....

2) 김진희·최명철(2019), "중국혁신의 아이콘, 화웨이의 발전과정 연구", 경영

표 9 화웨이의 지역별 연도별 매출액과 비중 변화

(CNY Million)	2013	2014	2015	2016	2017	2018	2019
China	84,017 (35%)	108,674 (38%)	167,690 (42%)	236,512 (45%)	305,092 (51%)	372,162 (52%)	506,733 (59%)
EMEA	84,655 (35%)	100,674 (35%)	128,016 (32%)	156,509 (30%)	163,854 (27%)	204,539 (28%)	206,007 (24%)
Asia Pacific	38,925	42,409 (15%)	50,527 (13%)	67,500 (13%)	74,427 (12%)	81,918 (11%)	70,533 (8%)
Americas	31,428 (13%)	30,844 (11%)	38,976 (10%)	44,082 (8%)	39,285 (7%)	47,885 (7%)	52,478 (6%)
Other		5,596 (2%)	9,800 (2%)	16,971 (3%)	20,963 (3%)	14,701 (2%)	23,082 (3%)
Total	239,025	288,197	395,009	521,574	603,621	721,202	858,833

출처: Huawei annual report 각 연도

중국 중산층의 소득 증가에 따라 B2B 판매가 주업인 화웨이가 B2C 판매에 나섰기 때문이다. 통신 장비는 이미 시장 점유율이 높아 기업 성장이 정체되자, 핸드폰과 같이 소비자에게 직접 판매할 수 있는 기기로 확장하기 시작하였다. <표 9>에 의하면 화웨이의 중국 매출은 2017년에 3,051억 위안으로 2013년 840억 위안보다 3배 이상의 증가를 이루었고, 상대적으로 유럽, 중동, 아프리카(EMEA)와 아메리카 대륙에서 매출 비중이 감소하였다.

화웨이는 클라우드 컴퓨팅(cloud computing)3)에 기반된 데이

사학, pp. 27-46 참조
3) 클라우드 컴퓨팅(Cloud Computing) - 컴퓨터 통신망 관리 기법 중 하나. 집적·공유된 정보통신기기, 정보통신설비, 소프트웨어 등 정보통신자원을 이용자의 요구나 수요 변화에 따라 정보통신망을 통하여 신축적으로 이용할 수 있도록 하는 정보처리체계를 말한다(클라우드 컴퓨팅 발전 및 이용자 보호에 관한 법률 제2조 제1호). 과거 1980년대 전후하여 원격지에 있는 컴퓨터와 근처에 있는 단말기 사이에 있는 수많은 통신장비 및 네트워크를 다 그리지 않고 "있다고 치고"란 의미로 "구름" 모양을 그려서 설명을 하였다. 이후 2000년대에 클라우드 컴퓨팅이 등장하면서 이 개념을 설명하기가 애매하

표 10   화웨이 사업부별 매출 비율(2018년 기준)

사업부	소비자(스마트폰)	통신(통신장비)	기업(클라우드, AI, 사물인터넷)	기타
매출 비율	48.4%	40.8%	10.3%	0.5%

출처: https://news.v.daum.net/v/20190521033531510

터센터 기반시설 해결방안을 제공하여, 고객의 저장, 컴퓨팅 자원
의 사용 효율을 향상시키며, 업무시스템의 빠른 배치, 업무간소화
및 고효율관리, 이동사무실 등 해결 방안을 제공한다. 또한 고객
업무지원, 빅데이터 스마트분석 시스템, 선진 비즈니스기회와 혁신
을 제공한다.

화웨이의 목표는 선도적 단말기 제품을 제공하고, 핵심기술과
제품디자인, 클라우드 서비스 혁신을 통해 고객만족과 조직성과를
제고하는 것이다. 화웨이의 제품전략은 세계 전자통신분야의 최신
연구성과를 폭넓게 흡수하고, 독자적/선진적 기술과 시스템을 개발
해, 탁월한 제품으로 세계 전자통신업계의 선두에 서는 것이다. 중
싱의 제품군은 무선, 핵심네트워크, 접속, 단말기, Bearer network,
클라우드 컴퓨팅, 서비스 등이다.

중싱이 화웨이나 다른 IT기업과 차이점은 관련영역 다각화이
다. 중싱을 제품라인별로 살펴보면, 크게 '운영업체 네트워크, 단말
제품 및 통신소프트웨어 시스템, 서비스 및 기타 제품'의 3대 영역
으로 나눌 수 있다. 그 중에서도 전통적인 운영업체 네트워크업무
는 중싱의 핵심영역이며, 단말기 및 핸드폰 영역은 점점 중요해지
고 있다. 중싱의 제품군은 단말제품, 무선, Bearer network, 클라
우드 컴퓨팅 및 IT제품, 클라우드 핵심네트워크, 접속, 에너지제품

....

여 이 "구름" 개념(즉. 저 넘어 어디엔가 어떤 서버이든 "그런 게 있다")을
따 와서 "구름(cloud)"이라고 한 것이다.

표 11 5G네트워크 장비 세계시장점유율

기업	화웨이 (중국)	삼성 (한국)	에릭슨 (스웨덴)	노키아 (핀란드)	기타
점유율	30%	23%	20%	14%	13%

참조: IHS마킷(2019년 3분기 기준)

등 7대 품목으로 나뉜다. 최종 고객 분야별로 살펴보면, 운영업체 네트워크, 정부와 기업업무, 소비자업무의 3대 부분으로 나뉜다.

상기의 분석을 통해, 화웨이는 전자통신분야(한우물파기), 고객에게 더 양질의 서비스를 제공하는 데 중점을 두고 있음을 알 수 있다. 반면, 중싱은 관련분야 다각화 전략을 택했다. 이처럼 양사의 회사발전 및 제품전략 관점은 서로 다르다.

한편, 5G는 통신 속도, 데이터 용량, 인공지능, 빅데이터 등을 결합시켜 미래생활에 혁신을 일으키는 근원적인 기술이다. 이에 대해 각국은 5G 표준 특허수 출원과 특허시장 지배력을 강화하고 있고, 5G 표준 특허수 출원과 특허시장은 국가의 미래경쟁력을 가늠하는 핵심지표로서 점점 중요해져가고 있다. 두 회사 모두 현재 사업의 초점을 5G 기술 발전의 최전선에 맞춘 것으로 보여진다.

미국의 견제에도 화웨이가 약 30%의 점유율로 1위를 차지하고 중국이 5G 표준 특허 출원시장에서 3분의 1 이상을 차지하는 것은 중국 정부가 하이테크 산업을 발전시키는 중국 제조 2025의 핵심분야로 5G를 포함시켰기 때문이다. 나아가 중국은 대규모 자금과 정부 주도의 장기전략을 바탕으로 차세대 5G 기술 개발을 선도하고 있어 각종 서비스에서도 우위를 확보할 가능성이 높은 것으로 예상된다. 그동안 통신기술 개발을 이끌어 온 미국과 유럽은 3G, LTE의 대다수 핵심 특허를 보유하고 있지만 5G 시대가 도래하면서 중국의 급속한 발전이 두드러진다.

최근 몇 년간 미국의 강력한 견제에도 불구하고 화웨이가 약 30%의 시장점유율로 1위, 중싱은 약 11.7%의 점유율로 5위에 오르는 등, 중국 기업들이 두각을 나타내고 있다.

(2) 경영능력과 자본 구조

(2)~(3)은 저자들의 논문을 기반으로 서술하였다.[4]

2015년 화웨이의 매출액은 3,950억 900만 위안으로 2014년보다 37.1%, 영업이익은 457억 8,600만 위안, 2014년보다 33.9% 증가했다. 화웨이의 영업이 호조를 보이면서 이익이 꾸준히 늘었다.

중싱(ZTE)은 글로벌 통신 업체이자 중국 최대의 통신 장비 상장 회사이다. 같은 산업의 상장회사로써 중싱은 비상장기업인 화웨이의 실적을 비교할 수 있는 좋은 비교 대상이다. 2015년 화웨이 판매수입은 3,950억 위안, 중싱통신 판매수입은 1,002억 위안이었다.[5] 2011년부터 2015년까지 중싱과 화웨이의 격차가 더욱 커졌고 화웨이의 영업 규모도 중싱을 능가했다.

<표 12>에서 보듯이 화웨이의 매출총이익률과 영업이익률

표 12 화웨이와 중싱(ZTE)의 연도별 이익비율 비교

	회사	2011	2012	2013	2014	2015
매출총이익률	화웨이	37.5%	39.8%	41.0%	44.2%	41.7%
	중싱	30.3	23.8%	29.4%	31.6%	31.0%
영업이익률	화웨이	9.1%	9.1%	12.2%	11.9%	11.6%
	중싱	0.5%	-6.0%	-2.0%	0.1%	0.3%

출처: 潘 曦(2017)

4) 김진희·최명철(2019), "중국혁신의 아이콘, 화웨이의 발전과정 연구", 경영사학, pp. 27-46 참조.
5) 潘 曦(2017), "为什么不上市", 河南工业大学 碩士学位论文, p.16.

표 13 화웨이와 중싱(ZTE)의 자산부채 비율 비교

자산부채비율	2011	2012	2013	2014	2015
화웨이	65.8%	66.4%	64.7%	67.7%	68.0%
중싱	75.1%	78.9%	76.4%	75.2%	64.1%

출처: 潘 曦(2017)

두 지표 모두 중싱보다 훨씬 높다. 2015년 화웨이의 매출총이익률은 41.7%, 영업이익률은 11.6%인 데 반해 중싱의 매출총이익률은 31.03%, 영업이익률은 0.32%였다. 이처럼 화웨이는 수익성이 좋고 수익도 높다.

<표 13>에 나온 수치를 보면 2015년 화웨이의 자산부채비율이 중싱보다 약간 크다는 것을 제외하고는 모두 중싱보다 작다. 중싱은 이미 상장하여 주식으로 자본을 가져올 수 있지만, 부채비율은 화웨이보다 높다. 통신업계로 봤을 때 화웨이의 자산부채비율은 적정한 편에 속한다. 이는 회사의 자본구조가 아직 양호하다는 것을 보여준다.

(3) 스톡옵션 제도와 1인당 생산성

중국에 모회사를 두고 있고 같은 산업에 진출한 중싱은 화웨이와 비교하기 좋은 대상이다. 두 기업 모두 직원들에게 스톡옵션을 나눠주고 있는데 화웨이의 직원 스톡옵션 대상 범위는 중싱보다 넓다. 화웨이 직원들은 1년 이상 일하면 대부분의 직원들이 가상 주식 인센티브를 받을 수 있고, 이는 전체의 약 80%이다. 하지만 중싱의 스톡옵션 인센티브는 임원에 치중하여 전체의 5%에 불과하다. 2013년 화웨이의 주식 인센티브를 수여한 직원은 76,000명 정도였던 반면, 중싱의 주식 인센티브를 수여한 직원은 3,200명 정도에 불과했다.

표 14　화웨이와 중싱(ZTE)의 1인당 생산성 비교

	회사	2011	2012	2013	2014
1인당 매출 (만 위안/人)	화웨이	144.73	141.15	153.22	170.63
	중싱	96.05	107.42	108.88	107.77
1인당이윤 (만 위안/人)	화웨이	13.19	12.79	18.67	20.25
	중싱	4.78	-6.38	-2.16	0.08
직원 수 (만 명)	화웨이	14.09	15.6	15.6	16.89
	중싱	8.98	7.84	6.91	7.56

출처: 任泽朋(2016)

　　화웨이의 2013년 가상 주식 인센티브 총액은 125억 위안에 달했고, 화웨이의 가상 주식 보유 임직원 평균 주식 배당금은 17만 위안에 달했다. 같은 기간 중싱의 주식 펀드 총액은 1.2억 위안으로, 중싱 주식을 보유한 종업원은 1인당 평균 8만 위안 정도의 배당을 받았다.6)

　　화웨이의 인재관리 성과는 <표 14>에서 중싱과 비교한 1인당 생산성을 보면 알 수 있다. 1인당 매출액을 보면 2014년 중싱은 108만 위안인 데 비해 화웨이는 171만 위안으로 1인당 매출액에 대한 기여도가 60만 위안 이상 차이난다. 이는 화웨이가 R&D 인력의 비중이 높아 고부가가치를 내는 직원이 많음을 의미하기도 한다.

　　중싱통신의 1인당 이윤은 800위안이지만 화웨이는 20만 위안으로 격차는 더욱 벌어졌다. 2014년의 화웨이의 직원 수가 중싱보다 2배 이상 많은 것을 감안하면 화웨이 직원들의 생산성이 매우 높고 인재 관리의 성과를 보고 있음을 알 수 있다.

----

6)　任泽朋(2016), "华为公司虚拟股票激励案例研究", 华东交通大学 碩士学位论文, p.26.

화웨이의
역사와 발전 과정

1. 초창기(1987-1996)

1987년 런정페이(任正非) 회장은 화웨이(华为)를 당시 약 5,000 달러의 소규모 자본과 14명의 직원으로 선전(深圳)에 창립하였다. 설립 초기에 화웨이는 홍콩회사가 생산한 전화 교환기를 대리 판매하는 업무를 하였는데, 이 당시 중국 통신시장의 잠재력은 매우 컸다. 중국 사람들의 전화와 통신에 대한 수요가 날로 증가하는 시기였다. 초기 화웨이는 주로 홍콩에서 수입한 전화 교환기를 판매하였으나, 1990년부터는 사업을 확장시키기 위하여 자체개발을 하기로 결심하였다. 화웨이는 전화 교환기 부품을 갖고 조립하기 시작하였다. 이 당시 1991년까지만 해도 화웨이의 직원은 50명밖에 되지 않는 소기업이었다.

승승장구하고 있는 화웨이에게 위기가 처음 찾아왔다. 1992년 덩샤오핑(鄧小平, 등소평)의 개혁개방 이후 경기가 과열되어 인민은행은 1993년부터 시중 은행의 무분별한 대출을 감독하기 시작하였다. 또한 당시 중국의 소형교환기 시장은 포화상태에 이르러 더 이상 수익이 나지 않게 되었다. 이에 자금 조달이 어려워진 화웨이는 회사의 성장과 직원의 성장을 일치시키는 종업원지주제를 시행하였다. 런정페이 회장도 해당 제도에 대해 익숙하지 않아 교장 선생님이었던 아버지와 의논하였고, 그도 서양에서 이미 쓰이고 있는 제도라며 적극 추천하였다.

1992년 화웨이의 규모는 증가하여 매출액은 1억 위안에 달했고 직원은 270명이 되었다. 1995년 선전(深圳)과 32개 성, 시, 자치구에 화웨이 사용자 센터를 설치하여 AS관리를 집중하여 고객에게 양질의 서비스를 제공하도록 하였다. 이때부터 화웨이는 사업 규모를 확장하기 시작하였고, 대규모 채용을 시작하였다. 1995~1997년 2년간 화웨이는 직원이 800명에서 5,600명으로 증가하였다. 1996년 화웨이의 총 매출은 26억 위안으로 빠르게 성장하였다.

하지만 위기는 또다시 찾아왔다. 사원들이 급격한 성장에 타성에 젖기 시작했다. 런정페이 회장은 직원들이 성장에 도취되어 나태해지는 것을 경계하였다. 이 당시 그는 회사의 급격한 성장으로 사원들 마음이 흐트러졌다고 판단하여, 마케팅 부서의 관리직 전원에게 사표를 받고, 한 달 동안 내부 공개경쟁 방식으로 평가를 하여 재임용 여부를 심사하였다. 이러한 노력을 바탕으로 화웨이는 타성에 젖는 것을 이겨내고 성장에 더욱 박차를 가하게 되었다. 1995년의 15억 위안에서 1997년 연매출은 41억 위안이 되었다.

위기 시에 침착하게 대처하는 런정페이의 자세는 성장 배경과도 관련이 있었다. 그는 퇴역 군인 출신으로 44세의 나이에 화웨이를 창업하였다. 런정페이의 아버지는 전문학교의 교장으로 봉직하다 문화대혁명 시기에 10년간 옥살이를 하였다. 문화대혁명(1966~1976) 시절, 지식인, 교수, 교사는 초우라오지우(臭老九)로 인간 최하등급인 거지(10등급)의 바로 위 등급이었고 모진 박해와 수치를 겪어야 했다.

런정페이는 문화 대혁명 시대에 박해를 받았던 부모의 사회적 배경, 중국 국민당과의 관계 등으로 인해 대학에서도, 군대에서도 공산당에 가입이 허락되지 않았다. 이러한 성장 배경으로 인해 군인 시절 그는 노력을 해도 군대 내 기술 공모전에서 수상할 수가 없었다. 그가 지도했던 수많은 후임들은 모두 입상하였지만 아이러니하게도 그는 한 번도 수상하지 못하였다. 이 시기에 런정페이는 힘들었지만, 역경 속에서도 평정심을 갖는 법을 배우게 되었다. 이후 기업 운영에서, 위기에 직면했을 때, 그의 리더십과 평정심은 더욱 빛을 발휘했다.

(1) 차별화된 기업 전략 수립

1990년 당시 중국에서는 국영기업이 민영기업보다 월등하게 유리한 위치에 있었다. 사회주의 국가에서 국영기업은 경쟁자가 없었고, 정부의 전폭적인 지원을 받았다. 화웨이는 이러한 현실을 인정하고 더 노력하여 민영기업으로서 치열한 경쟁 속에서 살아남았다. 초창기에는 자원, 상품 품질, 기술, 관리, 브랜드 등 각 부문에서 경쟁자보다 열등할 수밖에 없었다. 특히 국영기업이었던 중싱(ZTE)과는 비교할 수 없을 만큼 열악한 환경에서 시작하였다. 하지만 화웨이는 창업 초기 늑대 정신으로 열악한 환경을 극복하였다.

화웨이 창업 초기에는 제품의 품질이 좋지 않았다. 기술 수준도 외국기업에 미치지 못하였다. 하지만 이러한 상황에서도 화웨이는 자신이 가진 비교우위를 경영에 잘 이용하였다. 기술 수준은 높진 않았지만 엔지니어의 인건비는 매우 저렴했다. 이를 이용하여 중국 내에 33개 서비스센터를 설립하여 제품이 이상이 있을 시, 수리와 AS를 쉽고 편하게 받을 수 있도록 하는 전략을 세웠다. 해외 유수의 기업보다 더욱 저렴하게 상품을 만들고, 낮은 품질은 고객센터의 활동으로 보완하였다. 당시 중국에서는 서비스 센터가 활성

화되지 않았는데, 화웨이 외의 다른 브랜드의 제품도 흔쾌히 수리해주는 화웨이의 서비스센터는 중국인들에게 매우 획기적인 전략이었다. 빠른 수리와 서비스는 입소문을 타 시장의 신뢰를 얻기 시작하였다. 화웨이는 이러한 전략에 확신을 갖고 1억 위안을 투자하여 고객서비스센터 빌딩을 세워 중국 전역에서 지원하도록 하였다.

또한 화웨이는 관리 개혁에도 힘을 쏟았다. 화웨이 창업초기에는 기업 규모가 작아 경영 관리가 수월하였다. 하지만 사업과 기업 규모가 빠르게 확장되면서 제도적인 개혁이 필수적으로 이루어져야 했다. 특히 내부의 복잡한 시스템을 단순화하고 효율성 있게 만드는 것이 기업 발전의 주요 과제였다. 화웨이는 체제개혁, 조직개혁, 연봉개혁, 기업문화 교육, 업무프로세스 정리, 경영정보시스템 도입 등에 주의를 기울이며 오랜 기간 동안 연구하며 발전시켰다. 이 시기의 개혁은, 화웨이가 미래에 글로벌 대기업이 되는 데 밑바탕이 되었다.

한편 런정페이 회장은 마케팅부서에 업무관련 전략을 세우는 기획을 요구했다. 이때는 비상장 기업이어서 연례보고서를 만들 필요가 없었지만, 1996년 연례보고서를 필두로 매년 보고서를 만들어 시장전략을 수립하기 시작하였다. 연례보고서를 여러 단계로 검토하여 경영전략 수준을 제고하였고, 이는 조직의 능력을 검토하고 발전시키는 계기가 되었다. 또한 이로 인해 직원들에게 고객 서비스의식을 수립하도록 하고, 고객에 대한 서비스를 강화하고, 회사의 브랜드 이미지를 강화할 수 있었다.

화웨이는 국제화 전략도 체계적으로 수립하였다. 화웨이의 국제화는 외국에 몇 개의 공장을 세우는 것이 목표가 아니었다. 제품은 외국에 수출하면 충분했다. 런정페이 회장은 '국제화는 세계 유수의 경영전문가를 고용하여 50~60개의 부대를 지휘하는 장군을

길러내는 것'이라고 생각하였다. 이를 위해 화웨이는 우수한 인재
들을 시장으로, 업무현장으로 내보내 일하게 하였다. 화웨이는 '기
술의 시장화, 시장의 기술화'를 외치며, 석박사급 인력들을 시장에
서 훈련시키며 현실감각을 키웠다.

(2) 아낌없는 연구비 투자

화웨이는 매년 평균 100% 이상의 급성장을 하였다. 이와 같
은 급성장을 할 수 있었던 가장 큰 이유는 이익이 날 때마다 이를
연구개발에 아낌없이 투자하였기 때문이다. 전자통신 산업은 제품
의 주기가 매우 짧으며, 기술과 트렌드에 조금만 뒤처지면 따라가
기 힘들만큼 제품이 빠르게 변화한다. 한때는 유명했지만 지금은
찾아보기 힘든 모토롤라, 노키아, 블랙베리 등을 떠올리면, 쉽게 이
해되는 부분이다.

런정페이 회장은 연구개발에 총력을 다하는 것이 기업 사활
(死活)의 열쇠임을 일찍이 깨달았다. 런정페이 회장은 매년 매출의
10% 이상을 연구비, 연구인력에 쓰는 등 연구개발역량을 강화하기
위한 노력을 꾸준히 하였다. 1996년 연구비는 1억 8천 위안이었는
데 1997년에는 3~4억 위안이 되었고, 2000년에는 8~10억 위안이
되었다. 이렇게 연구개발에 대한 지속적인 투자를 통해 화웨이는
세계 선진기업과의 격차를 조금씩 좁혀나갔다. 연구개발의 총무부
서는 선전(深圳)에 있고, 미국 실리콘밸리, 북경, 상하이에 연구소
가 있다. 회사는 매출의 10%를 연구비로 지출하는 것을 원칙으로
하고 경기가 좋을 때는 더 지출하기도 하였다. 화웨이의 경영 지도
층은 기업이 단기적인 발전만 추구할 것이 아니라 장기적인 발전
을 향해 나아가야 한다고 믿었다. 비록 이렇게 높은 액수로 꾸준히
투자하는 것이 때로는 화웨이에 압박으로 다가오기도 했지만, 아낌

없는 투자를 통해 화웨이의 미래가 있을 수 있었다. 기업이 눈앞의 이익에만 급급하고 장기투자를 소홀히 했다면 제품의 발전이 없었을 것이다. 화웨이는 단기업적과 장기목표간의 균형을 추구했고, 융통성을 발휘하였다.

연구개발의 가장 중요한 자원은 인적자원이다. 화웨이는 초창기부터 전체 직원 중 연구개발 직원의 비율이 약 40%였다. 1997년 화웨이의 5,600명의 직원 중 40%는 연구개발에 종사하는 직원을 고용하였다. 그 외에는 시장판매와 기술지원이 35%, 생산직이 13%, 행정직이 12%였다. 1998년에는 대졸 이상 1,500명을 채용하여 직원은 8,000명으로 성장하였다. 직원의 평균 연령은 26세였고 그 중 60%는 석박사급과 전문기술자였다. 화웨이에 채용된 많은 직원들은 선진기술의 지식이 있거나 통신연구에서 5년 이상 종사한 숙련된 인력이었다. 화웨이는 초봉을 높게 산정하여 우수한 기술자들을 끌어들였다.

화웨이의 연구개발비가 만약 1억 위안이라고 가정하면 8천만 위안은 연구개발 지원에 썼고, 2천만 위안은 중국내외 직원 훈련과 현지조사에 사용하였다. 즉, 화웨이는 80%의 경비를 현재의 연구개발과 응용에 사용하였고, 20%의 경비는 새로운 시장과 수요 개척, 새로운 프로젝트 발굴과 지식 확장에 사용하였다. 런정페이는 연구개발도 중요하지만 시장에 대한 조사도 중요하다고 믿었다. 그는 이렇게 화웨이가 10년을 간다면, 세계적인 선진기술 수준의 연구 체계를 세울 수 있을 것이라고 믿었는데. 이는 첨단사업 분야에서 중국기업이 이름을 떨칠 수 있었던 남다른 혜안이라 할 수 있다.

(3) 시장 확보

연구 개발에 대한 투자 외에도 기업이 살아남기 위해서는 충분한 시장이 있어야 했다. 시장이 없으면 기업은 일정한 규모를 갖기 어렵고, 규모의 경제를 하지 못하면 원가를 낮추기 힘들고, 원가를 낮출 수 없으면 고품질의 제품을 만들기 어렵다. 따라서 화웨이는 시장 확보를 위해 남들이 마다하는 지역에도 가서 불굴의 정신으로 개척하였다. 2000년 화웨이는 시장을 확보하기 위하여 중국 각지에 합자회사를 설립하였다. 현지 합작은 회사의 보루를 층층이 쌓는 것이었다.

처음부터 화웨이가 세계적인 통신 산업분야 시장에 진출하는 것은 불가능한 일이었다. 다국적 기업이 이미 선점한 상황에서 후발주자였던 화웨이는 부득불 그들이 원하지 않는 시장에 진출하는 수밖에 없었다. 화웨이가 타 다국적 회사가 다른 점은, 서양의 다국적기업은 목숨을 걸고 오지에 가서 판매하는 사람이 없었지만, 화웨이는 여러 오지에서 매니저들이 회사의 성장을 위하여 고군분투(孤軍奮鬪)하였다. 이렇게 시장 규모를 늘리면서 제품 원가를 낮출 수 있었고, 단기간의 수익에만 만족하는 것이 아니라 제품의 연구개발역량을 더욱 강화하고 제품군을 다양화하며 품질을 제고하였다. 시장규모의 확보는 기업의 성장을 도와줬고, 또한 기업이 성장하여 시장의 수요를 더욱 만족시킬 수 있었다.

당시 농촌의 전화 교환기 시장을 말해주는 런정페이의 글 요약

다음의 1994년 런정페이의 글을 보면 당시 중국의 농촌 전화기 시장의 모습과 화웨이의 전략이 드러난다.

중국 농촌 전화망과 교환기 산업에 대한 고찰
对中国农话网与交换机产业的一点看法(1994.6)[1]

첫째, 중국의 농촌 전화의 현황 및 발전 추세

중국은 농업 대국이다. 전체 인구의 80%를 차지한다. 최근 몇 년 동안 국가 경제가 눈부시게 성장하면서, 농촌 경제에서 향진기업(鄕鎭企業: 소규모 농촌기업)[2]이 빠르게 발전하고 있다. 이는 농촌 전화가 크게 발전할 잠재력을 보여주고 있다. 그러나 자본주의의 방법으로 이를 운영할 수는 없다. 우리 농촌은 종합적으로 문화 수준이 아직 발달하지 않았고, 시장 경제 시스템이 성숙하지 않아서, 통신이 빨리 발전하기 힘든 환경이다. 하지만 지금은 이에 대한 기대가 너무 커서 심각한 공급과잉을 초래한다.

전화 교환기의 대수가 많지 않아 자금 회수가 어렵고, 이런 문제는 생산 공장에 전가되어 연체 대금을 장기간 회수하기 어렵게 만든다. 경제 발전의 불균형으로 인해 전국 전화망의 발전 격차도 상당히 벌어진다. 인터넷상의 통신 설비 전체에는 다양한 시스템과 연결망이 동시에 존재하여 전체 네트워크 구조가 매우 복잡하고 요금계산 방식이 다양하게 책정되어 있다. 농촌의 통신망은 다음과 같은 특징이 있다.

....

1) 任正非, 对中国农话网与交换机产业的一点看法(1994.6)(검색일 2020. 3.8) https://www.coinrua.com/topics/50
2) 중국이 개혁개방정책을 실시함에 따라, 1978년부터 각 지역 상황에 따라 육성되기 시작한 소규모 농촌기업. 이전 한국의 농촌 새마을공장과 비슷하다.

• 농촌 전화망의 특징

① 균형적인 발전이 이루어지지 않았고, 전송수단이 복잡하고
   다양하다. 교환 장비의 표준이 없어 다양하고 인터페이스
   가 복잡하다.
② 표준과 비표준이 병존하고, 네트워크가 복잡하고, 요금산
   정 방식이 통일되어 있지 않다.
③ 음성 통신 위주이다.
④ 유지 보수 역량이 제한적이나 교환기 유지 및 보수에 대한
   요구수준은 높다.
⑤ 전반적인 인프라가 좋지 않고 전기공급시스템의 요구수준
   이 높다.

• 농촌 전화망의 문제점

① 값싼 일부 저품질 중국산 전화 교환기가 전체 네트워크 서
   비스의 품질을 저하시켰다. 해외와 중국 내 업체들이 빠르
   게 발전하는 중국 농촌시장을 선점하려고 과잉 경쟁을 하
   여 혼란스러워졌다. 농촌의 전화기는 품목이 많고, 제품
   간 품질 차이가 매우 크다. 특히 일부 낮은 품질의 제품들
   이 농촌 통신의 전반적인 품질에 영향을 미쳐, 전 네트워
   크의 서비스가 많이 떨어진다. 이러한 이유로 인해 중국산
   교환기의 이미지에 나쁜 영향을 주었다.
② 농촌 전화 설립 자금이 부족한 환경이다. 농촌에서는 외국
   에서는 이미 도태된 제품을 지금도 사용하고 있다. 중국
   내 생산된 낮은 품질의 전화교환기로 일부 지역에서는 통
   신을 확대하여 사용자의 편의를 추구했다. 하지만 이는 일

시적인 편의이고, 품질이 낮아 오히려 네트워크를 복잡하
게 하여 설비에 대한 중복투자를 초래하여 장기적으로는
비효율적이다.

③ 통신산업은 기술 개발에 많은 투자를 하여 세계 선진기업
을 좇아가야 하지만 현실적으로 높은 가격의 제품은 중국
농촌시장에서 판매가 되지 않는다는 문제가 있다. 하이테
크 제품은 세계 선진기술 수준에 미치지 못하면 살아남을
수 없다. 개발에 투자가 많이 되어야만 세계 최고 수준의
기술을 가질 수 있고, 시장, 교육훈련, 서비스가 투입되어
야만 통신 네트워크 설비가 잘 작동할 수 있다. 하지만 현
재 농촌 시장에서는 높은 가격의 우수한 제품을 받아들일
준비가 되어 있지 않다. 이에 따라 장기적인 기술과 설비
투입에 대한 부담이 크고 성장은 어려운 반면, 단기적으로
농촌 시장은 적게 투입하여도, 이윤을 내기는 좋다.

④ 중국내외 기업의 정책이 불공평하다. 많은 외국 수입품들
은 면세, 부가가치세 인하 정책을 시행하고 있는 반면, 중
국내 제조업자들은 모든 세금을 낸다. 국외 사업가들이 풍
부한 자금과 자국 정부의 지원을 받아 중국 시장에 진출하
는 것은 중국 내 제조업자들에게는 경쟁에서 불리하다. 왜
냐하면 중국 기업은 시장에서도 약하고 기술력도 부족하
기 때문이다.

장쩌민(江澤民)3) 총서기는 지난주 일요일인 19일 선전에

---

3) 1946년 중국공산당에 입당. 그는 톈안먼 사태 당시 무력 진압을 지지함으로
써 덩샤오핑의 신임을 얻고 공산당 총서기직에 올랐다. 덩샤오핑의 정책을
이어받아 개혁-개방을 지속적으로 추진하면서, 한편으로는 공산당의 통치
를 강화하였다. 1989년 공산당 중앙군사위원회 주석이 되었고, 1993년에는
국가 주석에 올랐다.

서 나를 만나 통신산업 정책에 대해 여러 차례 언급했다. 그는 중국이 통신산업에서 주력 기종이 있어야 하고 점점 중국산 위주로 돌아가야 한다며 국내 제조업 보호와 국내외 산업의 공정한 경쟁을 서둘러 해결하겠다고 밝혔다.

둘째, 중국 농촌 전화교환망과 기술 방면의 건의
농촌 전화망은 로컬 네트워크의 일부로서 다음과 같은 점을 고려해야 한다.

- 농촌 전화망에 필요한 것들

① 체계 있는 인터페이스의 표준을 수립해야 한다. 농촌 전화 현지네트워크의 수요, 비용 계산, 네트워크 관리에 집중하여 체계있는 표준을 수립해야 한다.

② 중국어 메뉴 설정이 간편해야 하고, 유지 보수, 요금 계산 등의 조작은 신호 추적 감시 기능을 갖추어야 한다.

③ 용량, 교환기 성능, 트래픽의 요구사항을 명확히 해야 한다.

④ 번개로부터의 보호와 안정된 전원유지에는 특별히 신경써야 한다. 최소 220V선과 4,000V 뇌격이 자동으로 복구되도록 한다.

⑤ 농촌 전화 경영관리의 특징 때문에 요금산정 방식이 다양하므로, 요금 기준을 표준화하도록 해야 한다.

⑥ 기종 개수를 줄여 다양한 기종의 네트워크에 접속을 막는다. 기존 기종에 대해서는 품질 관리 및 기술 향상 계획을 강화해야 한다.

⑦ 데이터를 고려해서 전송망 건설을 해야 한다.

⑧ 전력 소모에 대한 기준이 있어야 한다, 이는 무인 전화기

를 달성하는 것에 매우 중요한 요소 중 하나이다.

⑨ 부피, 설치 등의 공정 수준 요구사항을 만들어야 한다.

셋째, 정부의 거시적 조절 정책 권고

• 정부차원의 농촌 전화망 관리 정책 건의

① 시장관리를 강화하여 가입 기종을 줄여야 한다. 인터넷 가
입증은 반드시 품질 좋은 공장의 생존과 발전을 위하여 엄
격하게 관리되어야 한다.

② 중국산 교환기의 생산은 단계적으로 합자회사, 그룹사(복합
기업) 방식으로 발전해야 한다. 중국처럼 이렇게 교환기 생
산자가 많은 나라가 없다. 제조업자가 너무 많아 중국산
교환기의 전체 수준을 끌어올리기가 어렵다. 또한 과잉경
쟁으로 기업들이 단기 이윤만을 노리게 된다. 지금 현실은
좋은 제조업자들은 망하고 있고, 나쁜 제조업자들도 성공
하지 못한다. 치킨 게임의 상황이다. 중국의 통신 제조업
은 매우 어려운 상황에 처해 있다(경쟁력 있는 기업이 집중,
발전하여 규모의 경제를 살려야 한다는 의미로 해석된다).

③ 교환 장비가 좋은 품질을 보장하려면, 장비뿐만 아니라 함
께 기술 교육, 기술 서비스, 설치, 유지보수, 비품 공급 등
의 요소도 포함되어야 한다. 그룹화로 발전시켜, 합작화
발전의 길을 걸어야 한다. 교환 설비의 종합적인 품질 수
준을 높여, 교환기의 AS에 대해 보장해야 한다.

④ 19일 장쩌민 총서기와 접견할 때 본인은 프로그램 제어 교
환기 기술이 국가 안보와 관계가 있다고 말하였다. '한 나
라에서 자체 프로그램 제어 교환기가 없으면 마치 자신의

군대가 없는 것과 같다.' 이에 장 총서기는 '국가에서도 이
를 고려하여 중국산 제품의 성장을 돕고 중국이 세계로 나
아가야 한다'고 긍정적으로 대답하였다.

⑤ 품목을 줄이고, 규모를 늘리고, 원가를 절감하며, 애프터서
비스를 강화하고 기술 연구 투자를 강화해야 한다. 같은
편끼리 경쟁하지 않고 동반성장을 하는 것은 중국 통신산
업 앞에 놓인 현실적 문제다.

任正非(1994.6)

2. 제도 정착기(1997-2007)

제도 정착기인 1997년~2007년에는 화웨이 기업 내부와 외부의 환경이 급격하게 변화하였다. 외부적으로는 당시 세계적으로 인터넷 기업에 위기가 닥쳐왔고, 내부적으로 화웨이는 규모 확장과 해외진출을 시도하고 있는 시기였다. 또한 기업 규모가 커짐에 따라 여러 위기가 안팎으로 닥쳤다. 이 시기는 위기를 현명하게 극복한 런정페이 회장의 리더십이 돋보인 시기였다.

먼저 외부위기를 보면 1997년에서 2003년까지 인터넷과 정보통신 기업에 대한 투자과열이 나타났다. 이를 인터넷 버블 혹은 닷컴 버블이라고 한다. 인터넷 초기 산업은 대량의 자본을 끌어들여 '신경제 파도'를 형성하였다. 인터넷 산업은 신흥 산업으로 투자자들은 비이성적인 금융 레버리지를 끌어왔고 이로 인해 거대한 거품이 생기게 되었다. 거품이 꺼지면서 유명한 인터넷 회사들이 하루아침에 도산하였다. 이에 따라 많은 다국적 기업들도 인터넷 기업에 대한 투자를 축소하기 시작하였다. 화웨이도 이로 인해 부채 레버리지 한도가 낮아지는 등 현금 및 자산관리에 큰 타격을 받게 되었다.

런정페이는 당시 일본 방문 후 화웨이의 미래 발전을 위해 다음의 3가지를 제시하였다.

첫째, 위기의식과 자아비판이 중요하다. 위기 초반에는 다른 사례를 보고 학습하여 효율을 높여야 한다. 프로세스를 개선하고 유효성을 높여야 한다. 불필요한 기관들을 없애고 잉여 인력을 없애야 한다. 직원들은 자기 계발을 통해 발전해야 한다. 안정된 시기에도 위기를 생각해야 한다. 런정페이 회장은 끊임없이 자아비판을 하며 문제를 찾고 개선을 해야만 출구가 있다고 말했다.

둘째, 성공을 다시 정의해야 한다. 기업입장에서 진정한 성공은 구사일생이라도 살아남는 것만이 성공이다. 기업은 결과적으로 살아남아야 한다. 아무리 성공한 기업도 살아남지 않으면 실패한 기업이 되어버린다.

셋째, 일정한 성장속도를 확보해야 한다. 런정페이 회장은 '성장 – 이익 – 인재 – 관리 – 성장'의 싸이클에서 중간중간에 서로 보완하고 지원하여야 한다고 하였다. 따라서 고난의 시기에도 성장속도를 유지해야 한다. 만약 화웨이의 성장속도가 감소한다면 저성장의 일본 기업과 같이 될 수 있다고 경고하였다.

화웨이는 성장 속도를 가속화하기 위하여 해외 진출을 시작하였다. 첫 시작은 해외 유수 기업의 시야에서 벗어나 있던 제3국을 주목표로 설정하였다. 특히 동남아, 중동, 아프리카 시장에서 낮은 가격대비 좋은 성능의 제품으로 시장을 확보하였다. 화웨이는 2001년 해외시장에서 2억 4천 4백만 달러를 벌어들이며 성공적으로 정착하기 시작하였다. 이후 중국이 WTO에 가입하게 되었다. 가입 후 차이나 유니콤이 미국의 퀄컴과 CDMA 투자건설 계획에 합의하였다. 화웨이는 CDMA와 GSM 중 둘 중 하나의 기술 개발에 집중해야 했다. CDMA는 미국식으로 통화 품질이 좋고 전자파가 적었으며, GSM은 유럽식으로 광범위하게 사용되고 있었다. 화웨이는 둘 중 GSM을 선택하였으나, 결국 나중에는 CDMA 형식이 보편화되어 이 당시의 선택으로 화웨이로 하여금 기술발전이 몇 년 늦어지게 하였다.

(1) 위기와 개혁

이 시기에 화웨이는 안팎으로 많은 위기에 부딪혔다. 2000년에는 닷컴 버블로 인해 인터넷 기업들이 여럿 도산하게 되면서 은

행이 인터넷 기업들에 대출 한도를 줄이기 시작하였다. 또한 2001
년에 중국에서 지역 내 휴대폰인 샤오링통(小靈通)이 대히트를 쳤
다. 이 당시에 화웨이는 샤오링통 단말기 사업을 안 하기로 결정하
였다. 후에 중국의 휴대폰 시장이 폭발적으로 성장하였고, 화웨이
는 뒤늦게 단말기 사업에 진출하여서 상당한 손해를 보게 되었다.
또한 2001년에 퇴사한 화웨이 직원들이 경쟁사에 회사의 기밀을
팔아 회사에 손해를 입히기도 하였다.

　　2003년에는 미국회사인 시스코 시스템스가 미국 텍사스주 연
방지방법원에 소송을 제기하였다. 소송내용은 화웨이가 지식재산
권을 침범해 저작권, 특허권, 상표권 침해 등 21개의 범죄를 저질
렀다는 것이었다. 결국 2004년 시스코 시스템스의 소송은 기각되
고 두 회사는 합의하였으나 이는 화웨이의 미국 진출을 한동안 막
게 된 큰 사건이었다. 화웨이의 미국 매출액은 지금도 크진 않지만
미국과 같은 선진국에서 화웨이가 경쟁력을 얻지 못한다면 브랜드
이미지에 악영향을 줄 수밖에 없었다. 따라서 매출액수를 떠나서,
성공적인 미국 진출은 화웨이에게는 매우 중요한 일이었다.

　　이와 같이 회사 안팎으로 힘든 상황에서 런정페이 회장은 마음
을 모으는 것이 가장 중요함을 강조하였다. 어려운 시기에 불굴의
투지를 더욱 발휘하여 회사를 살려야 한다. 어려운 시기인만큼 런정
페이 회장은 더욱 현명하게 리더십을 발휘하여 조직의 근본을 재조
정하였다. 이 시기에 제도와 규범을 새로 정비하고 부서와 프로세스
또한 정비하였으며 체계적인 전략을 세워 관리하도록 하였다.

　　그리고 런정페이는 산업 흥망의 구조를 아는 것이 발전기회를
잡는 데 매우 중요하다고 생각하였다. 그래서 그는 직원들에게
5~10년의 시간을 주어 역량을 기르게 하였고, 경기불황에도 회사
가 성장해야 한다고 강조하였다. 화웨이의 구체적인 전략은 다음과

같다.

　첫째, 성장하기 위해서는 국제시장에 뛰어들어야 한다.
　둘째, 전통제품의 생명력을 제고하여 부가가치를 높여야 한다.
　셋째, 재무적으로 힘들 때 투자를 확대해야 한다.
　넷째, 새로운 제품에 대한 투자를 확대해야 한다.
　다섯째, 기업의 약점을 장점으로 살려야 한다.

　화웨이는 위기의 상황에서 당시 중국의 회사로서는 이례적으로 조직 개혁을 다방면으로 실시하였다. 2002년 런정페이는 IBM에 컨설팅을 받아 생산, 품질, 구매, 창고, 물류 등으로 이어지는 생산관리시스템을 개혁하였다. 이를 통해 구매부문에서만 20여 억 위안의 비용을 절약할 수 있었다. 런정페이 회장은 이 당시 말하기를 오늘날의 기업 경쟁은 기업과 기업 간의 경쟁이 아닌 공급망과 공급망의 경쟁이라고 하며 공급망 개혁에 정성을 쏟았다.
　또한 그는 이 시기에 20억 위안을 들여 IBM의 IPD(Integrated Project Delivery)시스템을 도입하였다. 전략도 기술주도형에서 시장 주도형으로 전환하였다. 이는 즉 기술의 고도 발전을 목표로 한 개발이 아닌 진정으로 고객들이 원하는 상품을 개발할 수 있도록 하는 것이다. 이렇게 고객의 니즈를 만족시키는 것을 최우선 목표로 하여 매출을 더욱 빠르게 성장시켰다.
　2000년 당시 인력 과잉으로 화웨이는 직원들에게 퇴직을 하고 사내창업을 할 것을 장려하였다. 근속연수 만 2년 이상인 직원들에게 화웨이의 기업 네트워크 대리점을 운영할 수 있게 해주었다. 또한 기업 네트워크 대리점을 운영하게 되면, 사내주식가치의 70%에 해당하는 설비를 무료로 제공하였다.

2003년에는 직원들이 단기에 이직하는 것을 방지하기 위해 사내 주식의 제도를 바꾸었고, 10억 위안의 주식에 대해 MBO (Management Buyout, 경영자매수)를 실시하였다. 이의 구체적인 내용은 자금이 부족한 신입사원은 본인이 15%만 부담하면 나머지는 화웨이가 직원 명의로 은행에서 융자를 해주는 것이었다. 단 이 주식은 3년 동안 양도 및 현금화하거나 저당잡힐 수 없었다. 이렇게 제도를 통해 직원들에게 혜택은 더하고 단기 이직은 막았다.

(2) 화웨이 기본법

런정페이 회장은 기업이 커지면서 가치관과 문화를 전달할 수 있는 명문화한 문서가 필요함을 느꼈다. 손자병법에도 '상하동욕자승(上下同欲者勝)'이라는 말이 있다. 상하(上下)는 윗사람과 아랫사람을 가르키고, 동욕자(同欲者)는 같은 비전을 가진 자를 뜻하고, 승(勝)은 승리를 뜻한다. 즉 리더(윗사람)와 직원(아랫사람)이 같은 꿈과 비전을 공유하여야 승리할 수 있다는 말이다. 화웨이가 막 성장하는 시점이었던 이 시기에 런정페이 회장은 관리자든 기술직이든 일반사원이든 같은 목표를 가져야 회사를 성장시켜나갈 수 있음을 알았다. 그는 리더가 조직의 목표와 가치관을 전달하는 사람이라는 것을 명확하게 알고 있었다.

이에 따라 1997년 화웨이는 중국인민대학의 교수들을 초빙하여 화웨이 기본법을 만들도록 부탁하였다. 화웨이 기본법 안에는 화웨이 지도자의 사상을 담아 구체화하였으며, 조직공동체라는 인식을 강화하여 일체성을 강조하였다. 기본법에는 화웨이의 사명, 가치관, 기업문화, 실천지도 등의 원칙으로 서술하고 전개하였다. 인민대학 교수들은 런정페이 회장과 수많은 회의와 인터뷰 끝에 1998년에 화웨이 기본법을 확정하였다.

2005년 화웨이 기본법을 기초한 인민대학 교수 6명에게 다시 자문을 구하여 핵심가치를 '고객 중심주의'로 조정하도록 하였다.

아래는 2002년 당시의 고민이 담겨 있는 런정페이의 글 요약
이다.

도전을 받아들이고 실력을 쌓아 봄을 맞이하다
迎接挑战苦练内功迎接春天的到来(2002)

최근 1년 동안 시장이 비교적 어려워졌다. 첫째는 아직 투자
규모가 완전히 정해지지 않았고, 둘째로 모바일과 커넥션이 외국인
투자자의 영향을 받아 투자가 다소 줄어들 수 있기 때문이다. 이
같은 상황에서 국내 시장에 일시적인 어려움이 생긴다면 우리는
이 문제를 어떻게 보아야 할까?

• 우리는 여러 가지 문제들을 어떻게 받아들여야 하는가?

첫째, 시장의 어려운 상황은 인간의 기량을 향상시키고 단련
시키는 역사적 순간이다.

나는 시장이 이미 균형에 들어갔다고 생각한다. 이 균형 상태
가 우리에게 이로운가 아니면 해로운가를 생각해보자. 나는 시장이
균형에 들어가면 우리에게 이익이 되는 것이지 해가 되는 것이 아
니라고 생각한다. 그 이유는 다음과 같다. 사업자들이 현재 경영상
황이 좋지 않을 때 무엇을 살까? 여러분은 가장 싼 것을 사라고 할
것이다. 그러나 여러분의 집 인테리어를 한다면 적어도 그렇게 하
지는 않을 것이다. 여러분의 집을 인테리어 할 때 무조건 가장 싼
것으로 수리를 할 것인가? 여러분의 부인이 회장이고 투자를 관리
한다면 그녀는 분명히 이런 투자가 괜찮다고 생각하지 않을 것이
다. 그녀는 종합적으로 고려하여 투자를 해야 한다고 생각할 것이
고, 그러면 그녀가 인테리어 업자를 선택할 때 더욱 더 이성적으로

될 것이다.

　나는 라틴아메리카를 한 바퀴 돌았고 라틴아메리카 시장은 중국보다 버블이 심하다. 주로 광대역 거품이 그들에게 매우 큰 부담을 주었다. 지금 이 상황이 나에게 두 가지를 말해주었다. 첫째, 협대역망(Narrow band) 시스템 개발을 포기할 수 없다. 둘째, 그들은 가서 작은 회사를 찾아 협력하지 않을 것이다. 왜냐하면, 미국의 IT버블 때, 많은 작은 회사들이 신제품을 개발해서 얼마 전까지 온라인에 있었지만, 지금은 도산하고, 유지보수가 되지 않아, 어쩔 수 없이 철거되고 있다. 이러한 상황 속에서 사업자가 무엇을 보고 거래처를 선택할 것인가? 회사를 보고 선택하는 것이다. 여러분은 화웨이가 이번에 브라질 텔레콤에서 부회장이 직접 중국으로 계약서를 보내준 것을 보았다. 브라질 직원이 중국에 방문한 이후 화웨이에 대해 좋은 평가를 내렸지만 부총재는 직접 와서 보기를 원해 공장을 직접 돌아보고 계약서를 내밀었다. 이런 식으로 사용자들은 제품을 선택하지 않고 회사를 선택하고 있다.

　여러분은 다음 주에 쑨야팡(孙亚芳)사장이 미국으로 건너가 AT&T와 구조적인 협상을 해야 한다는 것을 알고 있다. 물론 AT&T는 재무상태가 좋지 않아 은행이 돈을 빌려줄 의향이 별로 없다. 이번에는 AT&T의 미국 은행이 중국에 와서 그것에 대한 해결방안에 대해 이야기하려고 한다.

　미국은 개방적인 나라이다. 예전에 우리가 미국 시장에 진출했을 때 항상 우리 같은 소규모 회사들이 미국에 진출하면 배척당하는 것이 아닌가 걱정했었다. AT&T가 와서 미국은 개방적이기 때문에 품질이 좋은 회사의 상품을 쓴다고 알려줬다. 하지만 미국도 이제 변했다. 미국에서도 소규모 회사들이 도산하지 않는 것을 확신하지 못해 소규모 회사의 설비를 사용하지 않으려 한다. 따라서 소규모 회사들의 유일한 생존방법은 오직 자신을 시스코에 파는 것뿐이었다. 미국의 소규모 회사의 활로는 시장을 스스로 세울 수 있는 길을 찾는 것이 아니라, CISCO가 인수하도록 하는 것이다. CISCO라는 깃발을 내걸고 이득을 보려고만 한다. 그래서 그들은 CISCO와 상호 보완적인 개발과 연구를 한다. 미국도 이렇게 변화하고 있고, 세계에서 가장 개방적인 나라에서 이렇게 많이 변했다는 것은 이번 IT 거품이 세계 경제에 미치는 영향과 사람들의 사고 패턴에 미치는 영향이 여전히 크다는 것을 말해준다.

어떤 직원들은 늘 화웨이가 건물 두 개를 지어 자본을 낭비했다고 불평한다. 하지만 실상은 그렇지 않다. 우리는 이 건물의 외벽의 원가를 마케팅부서에서 계산을 한다. 왜냐하면, 많은 고객들이 중국에 직접 와서 이 회사의 건물을 보고 평가하며 건실한 회사인 것 같다고 계약을 하였기 때문이다. 그래서 이 집도 고객이 돈을 내서 지은 것이지, 우리가 돈을 내서 지은 것이 아니라는 것을 꼭 알아야 한다. 회사 외관을 정비하는 것도 고객이 안심할 수 있게하기 위한 마케팅의 일종인 것이다.

둘째, 고객과의 관계가 차별화된 경쟁력이다.

계약을 할 땐 복합적인 요소가 반영되므로 단순하게 생각하면 안 된다. 작년에 나는 한 부서와 컨택했을 때, 나는 그들이 일하는 방식에 문제가 있다는 것을 깨달았다.

그 부서에는 실무적으로 의사결정을 하는 사람이 한 명만 존재하였다. 처급 간부, 부총재급 간부들은 아무 것도 생각하지 않았고 의사결정에 참여하지 않았다. 현재는 한 개인의 의사결정에 의존하면 안 된다. 회의를 열고 같이 상의 및 결정을 내려야 한다. 우리는 200개가 넘는 지역 경영부가 있다. 나는 이것이 바로 우리와 서양 회사의 다른 점이라고 믿는다. 우리가 각 계층마다 고객과 함

께하여 고객의 근심을 나누면 고객은 우리에게 한 표를 준다. 이
한 표에 다른 한 표를 더하면 여러 표가 된다. 한 표, 한 표의 관계
를 잘 만들고 유지해야 한다. 이것이 바로 우리와 소규모 회사와의
구별된 점이다.

셋째, 살아남는 것이 진정한 출구이다.

시장이 어려울 때, 회사의 좋은 이미지를 고객에 심어주고 자
신감을 보여주는 것이 중요하다. 많은 직원들이 나에게 전화를 해
서 계약이 적다고 말했는데, 난세에 영웅이 출현한다. 호경기에 계
약을 성사시키기는 매우 쉽다. 반면 불경기에는 당신이 계약을 하
나 더 하면 다른 사람의 계약이 하나 더 적어지는 것이다. 바둑을
두는 것 같이 우리는 집이 하나 늘었는데, 다른 사람은 집이 하나
없어지는 것이다. 시장 경쟁에서 우리는 먼저 살아남아야 하고, 우
리 스스로 살아남지 못한다면 시장 법칙대로 도태된다. 국제 시장
경쟁의 법칙은 빈익빈 부익부이다. 고객도 은행도 작고 초라한 기
업을 싫어하고 유망한 기업을 좋아한다. 유망한 기업은 대출받고
싶으면 은행이 당신을 붙잡고, 작고 초라한 기업은 도산해도 구해
주지 않는다. 도산 기업을 막는 것은 정부의 일이니, 이 문제를 은
행이 떠안을 수도 없고, 우리 같은 선진 기업에 의지할 수도 없다.

우리는 이 시기에 정신적인 준비를 해야 한다. 현재는 해외
사정이 아주 좋다. 올해는 독립국가연합(소련이 해체된 후 성립된 개
별 독립 공화국들의 연합체) 지역부, 아태지역부가 상반기부터 대대적
인 공격경영에 나선다. 여러분은 올해(2002년) 1분기 화웨이의 수
출이 내수 판매보다 크다는 것을 알고 있다. 물론 국내에선 위축됐
지만 수출은 대폭 늘어 지난해 동기간 대비 357%나 늘었다. 올 하
반기 이후에 우리는 중동, 북아프리카 지역부가 일어나야 한다고
생각한다.

• 연간 사업에 대한 기대

첫째, 새로운 생각, 새로운 방법, 그리고 창조적인 작업은 시장 상황을 개선한다.

시장의 선호는 사람들의 의지로 바꿀 수 없다. 어떤 사람들은 우리가 예전에 교환기를 잘 팔았다고 말한다. 올해는 작년보다 잘 팔릴 것이다. 내년에는 더 잘 팔릴 것이다. 하지만 시장은 한정되어 있다. 언젠가는 매출이 하락할 수밖에 없다. 항상 좋을 수는 없고, 하락이 있는 것은 정상이다. 시장성에는 반드시 한계가 있기 마련인데, 지금 우리는 반드시 살 새로운 길을 준비하고 있어야 한다.

올해는 작년과 비교해서 난관이 줄었다. 작년에는 CDMA와 PHS[4]에서 다소 어려움을 겪었으나 올해는 우리의 CDMA도 나올 것이다. PHS기술은 그다지 발전된 기술이 아닌 데도 5년간이나 개발할 것이라고 예상하지 못하였다. 이는 정책 탓이지만 과거에 매몰될 것이 아니라 몇 년을 노력해서 다시 매듭지어야 한다. 올해 우리의 시장 환경은 작년에 비해 여전히 어느 정도 개선되었다. 가능한 한 빨리 시장을 공고히 하고 점유해야 한다.

둘째, 현금흐름이 중요하다.

서양 회사의 현황을 보자. 인터넷 버블붕괴로 인해 루센트(LUCENT)는 직원의 거의 절반 이상을, 노텔(Nortel)은 3분의 2를 줄였다. 서양 대기업들이 이렇게 엄청난 타격을 받았다. 작은 회사는 큰 회사보다 나을까? 미국의 현황을 보자: 미국은 IT 폭풍으로 인해 9조 달러의 손실을 보았다. 그러나 이 9조 달러는 IT 산업뿐 아

....

4) 가정용 아날로그식 무선전화기를 대신하여 같은 단말기로 새롭게 디지털 방식을 채용하여 실외와 지하에서도 사용 가능하도록 한 새로운 무선전화 서비스

니라 제조업에도 영향을 주고 있다. 만약 자금의 3분의 1이 IT 제
조업에 투자된다고 가정하면 IT제조업에 들어가는 총 투자는 3조
달러이다. 평균 한 회사당 자본이 3억 달러라고 가정하면 투자받지
못한 미국의 IT회사는 1만 개 안팎이라고 볼 수 있다. 이는 과도하
게 많은 숫자이다. 지금 전체 인터넷 공급과 투자는 극도로 과잉이
며, 수요가 이를 따라갈 수 없다. 큰 회사나 작은 회사들, 역시 마
찬가지이다. 여러분도 알다시피, 3억 달러 자본의 회사들은 1년마
다 최소한 3천만 달러에서 4천만 달러를 소비하는데, 이것도 최저
일 때의 가정이다. 이런 시장 상황에서 어떻게 생존할 것인가? 가
능성이 없다. 큰 회사도 생존할 방법이 없는데 작은 회사는 더욱
생존이 어렵다.

　화웨이의 겨울은 무엇일까? 겨울을 날 수 있는 외투는 무엇일
까? 이것은 현금보유와 흐름이다. 은행과 창고에 예금이 있으면 현
금흐름으로 계산하지 않는가? 따라서 매출액이 있어야 한다. 지금
당장은 현금에 대한 파악이 중요하다는 것이다. 그래서 우리는 이
문제에 있어서 우리가 반드시 현금흐름을 중시해야 한다고 생각한
다. '집 안에 곡식이 있으면 마음은 당황하지 않는다(家有糧, 心不
慌)'라는 말이 있는데, 주머니에 돈이 있으면 마음이 당황하지 않는
다. 따라서 가장 중요한 역사적 시점에는 현금흐름과 현금보유를 중
시해야 한다. 조금 받더라도 꼭 현금으로 받는 것이 매우 중요하다.

　거대한 금융버블이 터지면서, 서방 회사들은 큰 타격을 받았
고 그들은 이미 혼란에 빠졌다. 그들의 전열이 흐트러지면 우리는
이때 무엇을 할 것인가? 우리의 기회는 더 많아진다. 더 많은 시장,
더 많은 기회를 쟁취하여 우리는 봄까지 살 수 있다. 우리는 다른
회사와는 달리 아직 압박을 받지 않아 우리의 금년 급여는 틀림없
이 충분히 지급될 것이고, 내년에도 충분할 것이다. 매출이 없어도

충분하다. 우리는 여전히 높은 시장점유율을 유지하고 있고, 계속 성장하고 있으며, 특히 해외시장에서 매우 빠르게 성장하고 있다.

셋째, 화웨이는 동맹군(협력업체)과 함께 성장 및 발전해야 한다.

나는 또한 광범위한 동맹군 수립 개념을 제안한다. 우리는 대리점장, 직영점의 직원들은 판매시스템의 경영에 관여해서는 안 된다고 규정한다. 그렇다고 해서 협력할 수 없는 것은 아니다. 미래 경쟁은 공급망의 경쟁이라는 것을 알고 있다. 우리의 공급사슬에는 수백 개의 공장, 부품, 표준, 시스템, 하청계약의 제조사들, 직영점, 대리점들이 연결되어 있는 매우 방대한 체계이다. 그들의 비판과 의견을 경청해야 한다. 아마도 그들의 본사에 그들이 어떤 결점이 있는지 알려주려고 하지 않을 것이다. 그들의 말에 귀를 기울여야 한다.

우리는 또한 아웃소싱 방식을 원한다. 아웃소싱은 어떤 이점이 있을까? 아웃소싱 회사는 법적으로 우리와 독립적이어서 우리는 그들의 생사에 대해 책임을 지지 않지만 그들은 계약대로 우리를 위해 일한다. 이는 우리의 지출을 줄여준다.

넷째, 중국시장(중국본사)은 해외시장 진출을 강력히 지원해야 한다.

현재 나는 각 부서의 부서장들에게 해외에 나갈 인물들을 추천하라고 할 것이다. 특히 아프리카로 갈 인재가 필요하다. 해외에는 많은 희망과 기회가 있다고 생각한다. 그곳으로 가면 어려울수록, 사람을 더 단련시킬 수 있고, 더 빨리 성장하게 할 수 있다. 앞으로 2, 3년간 우리 수출액을 20억 달러 안팎으로 끌어올려야 회사 전체가 생존할 수 있는 발판이 될 것이다. 북미, 라틴 아메리카, 그리고 유럽에서 우리의 데이터 통신제품 전망은 매우 좋아서, 이 시장에 진입하는 데 아주 좋은 시기이다. 며칠 후면 나는 베트남, 방글라데시 지역에 도착할 것이다. 이후 중앙아시아, 카자흐스탄, 우즈베키스탄을 포함해서 중동과 북아프리카로 가서 협력을 하고 문제들을 해결할 것이다.

이때 중국내의 대형(隊形)이 흐트러지면 안 된다. 역사의 고비마다 한 팀의 조직이 흔들리지 않고 대형이 흐트러지지 않는 것이 최종 승리의 밑거름이다. 우리는 앞으로 2~3년 동안 국제 시장에서 큰 승리를 거둘 수 있을 것이다. 희망이 뚜렷하게 보인다. 국제 시장에는 조건이 어려운 곳도 있고 좋은 곳도 있다. 어려운 곳은 오히려 좋은 곳보다 앞으로 더 나아질 가능성이 많은 곳이다.

3. 시장 확장기와 디지털화(2008-2017)

화웨이는 2009년 중국의 3G 사업허가서 3장 중 하나를 얻어 중국에서만 100억 달러의 매출을 올렸다. 한 해에만 유럽, 미국 등 302억 달러의 계약을 맺었고 매출은 215억 달러에 달하였다. 2010년 포춘(Fortune)이 선정한 세계 500대 기업에 진입했고, 397위에 올랐다. 시스템 체계화와 국제화 전략이 성공한 2007년에 화웨이는 대대적인 발전을 이루었다. 당시 매출액이 처음으로 100억 달러를 넘어섰다.

2008년에 전 세계적으로 금융위기가 왔을 때 화웨이는 중소기업은 아니었지만 경쟁력이 높은 글로벌 기업 축에 속하진 않았다. 화웨이는 오히려 이것을 기회로 여겼다. 금융위기는 강자를 더 강하게 해주고 약자를 더 약하게 만들었다. 금융위기는 화웨이의 능력을 시험해볼 수 있는 중요한 촉매제가 되어주었다.

(1) 글로벌 역량 강화

화웨이가 세계화 과정에서 중점을 둔 것은 수출이 아니라 세계각지에 연구센터를 건립하는 것이었다. 화웨이는 국제적으로 선도기업이 있는 지역에 연구센터를 세우는 것을 중요시 하였다. 가까이에서 선진기업을 배우고 인재를 고용함으로 인해 경쟁자의 직접적인 자료와 정보들을 얻었다. 이러한 방법으로 빠르게 세계 선도기업들과의 격차를 좁혀나갔고 국제적으로 우수한 인재들을 고용하였다.

1) 관리 변혁

이 시기에는 전 세계 시장과 고객의 요구가 다양해져 갔다.

기업이 고객의 요구에 빠르게 반응하고 실질적으로 대응해주는 것이 점점 중요해졌다. 이런 상황에서, 기업은 어떻게 효율을 제고하고 어떻게 고난을 이겨나갈지를 알아야만 했다.

이런 문제를 해결하기 위해 런정페이는 직원들이 이와 관련하여 IBM 컨설턴트가 제공한 프로젝트 관련 서류를 중요하게 살펴보고, 고위급 관리자는 IBM의 제안 사항을 깊게 이해하고 철저히 실행하도록 지시하였다. 각급의 관리자는 자신의 책임을 수행하여 화웨이의 관리가 중앙집권적인 형식에서 벗어나도록 하였다. 이렇게 하여 고객의 새로운 요구에 빠르게 대응하도록 촉구하였다.

2) 규모의 경영에서 이익중심의 경영으로

이전 화웨이의 경영층은 원가절감과 원가통제를 중요한 방침과 발전전략으로 삼았다. 그러나 원가의 최소화가 이윤의 극대화를 가져오는 것은 아니었다. 따라서 원가만 고려하는 것이 아니라 품질도 점차 고려하게 되었다. 만약에 제품에 문제가 생기면 수리 또는 폐기처리되기 때문에, 그로 인해 원가는 더욱 높아지는 것이다. 이전에 경제와 시장이 고속성장하는 시대에는 오로지 매출과 시장점유율만을 강조했다. 많은 계약체결과 높은 시장점유율은 곧 이윤을 의미했다. 하지만 시장이 점차 포화상태되면서, 화웨이가 지속 성장하기 위해서는 좀더 세밀하게 관리하고 순익을 중시해야 했다. 이렇게 이윤중심의 경영을 실현하기 위하여 당시 화웨이는 전 세계적으로 지역 재무관리시스템을 만들어 200~300명의 CFO를 양성했다. CFO의 역할은 회계가 아니라 업무와 재무를 이해하여 예산관리를 철저하게 하는 것이었다.

3) 국제화전략

당시 세계 주요 나라에는 이미 서양회사들의 시장점유율이 높았다. 가장 험하고 환경이 열악한 곳에만 화웨이가 들어설 자리가 있었다. 화웨이는 국제시장에 진입하기 위해서는 고효율과 전략이 필요하다고 생각하였다. 외국진출과 해외시장확대로 직원들의 외국어실력도 중요해졌다. 화웨이는 해외유학파나 영업경험이 있는 직원들을 보충하여 국제적으로 교류와 소통이 가능한 다국적 기업의 모습을 갖추려고 노력하였다.

화웨이의 전략은 첫째, 세계 각국에 국제 표준에 맞는 플랫폼과 관리시스템을 만드는 것이었다. 표준화하는 것이 다른 기업과의 호환성 측면에서도 좋았고, 화웨이 회사내에서도 더욱 효율적으로 생산할 수 있게 해주었다. 둘째, 각각의 표준 플랫폼 내에서는 국가와 시장에 맞추어서 서로 다른 특성과 체계를 가질 수 있도록 하는 것이다. 표준화된 플랫폼 하에서 각국 시장의 상황은 수시로 변화하여 플랫폼 체계를 유연하게 할 수밖에 없었다.

(2) 스마트폰 개발과 사내 데이터 관리

1) 후발주자로써 스마트폰 개발의 시작

2011년, 화웨이는 Cloud-tube-end(云管端)와 스마트폰 업무에 집중하기로 결정하였다. 이때까지 화웨이의 핸드폰은 성능이 단순한 저가제품 위주였는데, 앞으로 최신식 첨단 스마트폰에 집중하기로 전략을 바꾸었다. 그 이유는 당시 주력으로 팔고 있는 통신장비는 시장 규모가 1,000억 달러이고, 화웨이는 이미 전 세계 시장에서 30%의 점유율을 얻었기 때문이었다. 통신장비는 구매와 설치에 대규모 비용과 시간이 들고, 한번 설치하면 오랫동안 사용하기에, 시장점유율을 더 늘리기가 쉽지 않았다. 한편 소비재인 핸드폰 시장은 4,000억 달러의 규모이고 만약 화웨이가 이 중 20%만 점유한다고 하더라도 500~800억 달러의 매출이 있을 수 있기 때문이다.

핸드폰 산업에서는 당시 애플과 삼성이 산업의 선두기업으로써 경쟁력을 갖고 있었다. 화웨이가 저가핸드폰에서 첨단/고가핸드폰으로 어떻게 업그레이드를 할 것인지는 화웨이에게는 큰 도전이었다. 첨단 핸드폰을 만들고 나서도 어떤 경로를 통해 판매해야 하는지도 난제였다. 당시 중국 핸드폰업계의 떠오르는 샛별이었던 샤오미(小米)는 엄청난 인기를 누리고 있었다. 따라서 화웨이 내부에서는 샤오미를 대항해야 한다는 목소리도 있었다. 하지만 위청동(余承东) 소비자업무 CEO는 애플이나 삼성과 같은 첨단 핸드폰을 제조하는 것을 고집하였다. 이후 결국 두 가지 노선을 모두 채택하여 롱야오(荣耀)브랜드 라인은 저가 핸드폰으로 샤오미에 대응하고, 화웨이 브랜드라인은 애플과 삼성의 핸드폰과 경쟁할 수 있는 첨단/고가 스마트폰을 만들었다.

표 1 2019년 2분기 유럽 스마트폰 출하량과 시장점유율 추이

회사	2019년 2분기 출하량(백만)	2019년 2분기 점유율	2018년 2분기 출하량(백만)	2018년 2분기 점유율	연 성장률
삼성	18.3	40.6%	15.3%	33.9%	+20%
화웨이	8.5	18.8%	10.1%	22.4%	-16%
애플	6.4	14.1%	7.7%	17.0%	-17%
샤오미	4.3	9.6%	2.9%	6.5%	+48%
HMD Global	1.2	2.7%	1.5%	3.2%	-18%
기타	6.4	14.2%	7.7%	17.1%	-17%
합계	45.1	100.0%	45.2%	100%	-0%

출처: Canalys Smartphone Analysis(sell-in shipments), August 2019

<표 1>은 미중무역전쟁과 미국의 견제로 화웨이가 유럽에서 2019년 위축된 상황을 보여준다. 하지만 핸드폰을 제조한지 10년도 안 되는 화웨이가 유럽 스마트폰 출하량과 시장점유율에서 2위를 차지함을 보여주기도 한다.

화웨이의 경쟁력은 기술력에 있다. 화웨이는 2004년에 자회사 하이실리콘(HiSilicon) 반도체 연구센터를 설립하였다. 2019년 미국이 화웨이에 대한 반도체 공급을 제한하면서 하이실리콘의 역할이 더욱 중요해졌다. 하이실리콘의 직원들은 주로 시스템설비업무, 핸드폰 단자 관련 연구를 하였다. 그 중 핸드폰 단자의 하이실리콘 규모는 크지 않았으나 현재는 몇 천 명에 달할 정도로 성장했다. 현재는 미국의 반도체 수입규제에 대응하여 자회사인 하이실리콘의 연구개발능력 제고에 주력하고 있다.

2) 스마트폰 개발의 사고변화

고객에 제품과 서비스를 제공할 때, 화웨이는 보통 엔지니어의 주도하에 제품을 처음부터 끝까지 제작 및 관리하였다. 하지만 핸드폰은 화웨이가 기존의 방식을 바꾸어 고객의 만족과 체험을 가장 우선순위로 두고, 제품제작과 기회에서 디자이너를 그 중심에 두었다. 핸드폰의 미(美)는 전문성이 있기 때문에 CEO가 아닌 전문 디자이너가 제품디자인을 결정해야 한다고 방침을 정하였다. 아마도 애플과 삼성 제품과 시장 트렌드를 보고, 회사의 방침을 정한 듯하다. 2015년 '치린(麒麟)950'을 발표했을 때, 전 세계 선도적인 16nmff + 칩제조의 성공이 기초가 되었다. 칩계산법, 외관 디자인, 카메라성능 등 소비자가 관심 있는 기능들은 러시아의 수학연구소, 프랑스의 수석 디자이너(BMW디자이너), 독일의 라이크라(Lycra)를 거쳐서 만들어졌다. 전세계 최상급 인력의 지원으로 전세계 소비자

그림 1 스마트폰 시장점유율(단위: %)

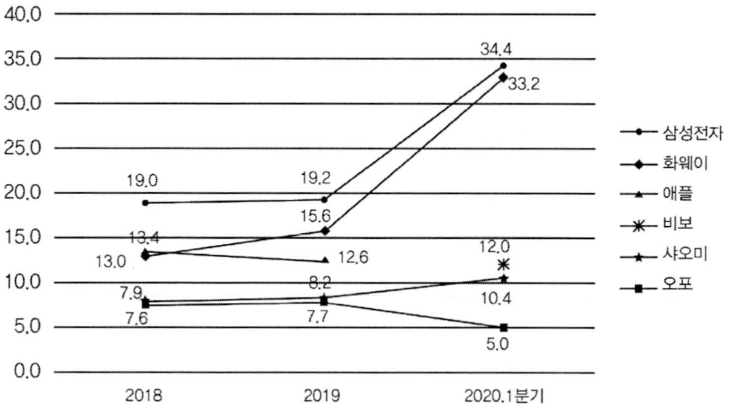

출처: https://news.v.daum.net/v/20200505060051541

들의 구미에 맞는 첨단 브랜드의 스마트폰을 제조하기 시작하였다. 그 결과 화웨이의 스마트폰 시장 점유율은 눈에 띄게 성장하고 있다. 중국 내수 시장 강세에 더불어 2020년 1분기에 800만대를 출고하여 세계 스마트폰 시장점유율 2위를 차지하였다. 주로 중국에서의 판매 덕분이긴 하지만 5G폰에 특히 강세가 있어 앞으로 세계적인 영향력도 무시할 수 없을 것이다.

3) 사내 데이터 관리와 디지털화

사내 데이터를 잘 관리하는 것이 회사 운영에서 점차 중요한 역할을 하게 되었다. 화웨이는 데이터 관리에서 다음의 세 가지를 특별히 강조하였다. 첫째는 자산의 데이터화이다. 이 과정에서 3종 유형의 데이터가 중요하다. 그것은 고객, 영업, 자산 데이터이다. 고객과 영업은 보통데이터로 잘 남겨 놓는데 자산데이터는 소홀히 하는 경향이 있다. 둘째는 데이터를 중앙에서 관리하는 것이다. 기업은 계열사나 협력사의 데이터를 모두 모아서 중앙에서 관리해야 한다. 이를 위해 통일된 표준을 만들면, 데이터처리 과정을 통해 생산의 부가가치를 높이며 효율성을 제고할 수 있다. 셋째는 제품의 분석이다. 대부분의 기업들은 데이터가 쌓여 있지만 분석하기는 어렵다. 기업은 주요제품의 데이터 모형을 만들어서 현실적으로 가치 있는 분석을 통해 미래가치를 창출할 수 있도록 해야 한다.

화웨이 디지털화의 주요목표는 기업의 업무에 더 나은 서비스를 제공하는 것이다. 약 18만 명의 직원과 900개가 넘는 부서, 15개 연구센터와 36개 연합 혁신센터, 6만 개가 넘는 협력사를 갖고 있는 방대한 기업인 화웨이는 조직구조가 복잡할 수밖에 없다. 이전에 화웨이는 중앙 집중적인 관리시스템으로 운영이 되어서, 민첩하고 효율적으로 고객의 요구에 대응하기 어려웠다. 하지만 디지털화로 인해 더 효율적으로 기업내부를 관리하고 고객의 요구에 더 민첩하게 대응할 수 있게 되었다.

시장업무대회에서의 런정페이의 글: 인재와 전략에 관하여

2016년 시장업무대회에 모습을 드러낸 런정페이 회장은 현재 상승세를 타고 있는 소비자 가전제품 부문에 더 높은 수준을 요구했다. 다음의 글은 시장업무대회(市場工作大会)에서 런정페이 회장이 밝힌 내용 요약이다.[5]

• 대담하게 전략적으로 힘을 모아 포화공격(집중공략)을
  실시해야 한다.

기업 업무는 성공할 만한 산업을 잡아서 먼저 수직적으로 발전시키고 그 후에 수평적으로 확장해야 한다. 스마트 시티, 금융업계의 IT화, 전력업계의 디지털화, 정부와 기업의 클라우드 서비스에 대한 수요는 모두 중요한 전략적 기회이다. 중국의 '평안도시(平安城市)' 건설은 스마트 도시의 하나이다. 이에 전략적으로 초점을 맞춰 기회를 절대 놓치지 말아야 한다.

각 분야의 전문 직원을 점차 늘려 나가려면 그들을 순환시키지 말아야 한다. 그들은 부서를 넘나들며 성장할 필요가 없으며, 전문성을 발휘하여 자신의 업무에만 능숙하고 정확하면 된다. 그들이 평범한 일생을 즐겁게 보낼 수 있도록 해주어야 한다. 전문성 있는 작업을 쉽고 빠르게 할 수 있도록 한다.

• 인재를 한 격에 구애 받지 않게 하고
  승리의 깃발을 높이 휘날리게 하라.

우리는 각급 우수간부의 순환 근무를 통해 능력을 갖추어야 하며, 결과의 책임에 기초하여 간부를 선발해야 한다. 우리는 열린

---

5) http://blog.sina.com.cn/s/blog_55f8827e0102we0a.html

마음으로, 각종 우수한 인재를 끌어들여야 하며, 그들이 능력을 발휘할 수 있도록 해야 한다.

직원을 채용할 때 그(녀)가 어디서 왔는지 어떤 경력을 갖고 있는지 묻지 말고, 그(녀)가 이 역할(각 부문, 전공, 작업등)에 적합한지만 봐야 한다. 우리는 인재에 대해 완벽을 요구하지 않는다. 완벽한 사람은 오히려 큰 공헌을 하지 못할 수도 있다. 도덕적 준거위원회가 간부를 한 표에 부결시킬 수 있는 것 외에, 업무 중의 잘못에 대해서는 관대해야 한다. 바람을 보고 키를 돌리고, 줄을 서면 기회주의가 생기기 쉽다. 각급 간부를 선발할 때는 다수결 표결제를 실시하되 상급단체에 보고하는 것은 해당 단체의 집단 의견이어야 하며, 상급기관의 모든 사람에게 알려야 한다. 파격적인 발탁에 대해서는 추천인이 2년 동안 연대 책임을 져야 한다. 비록 도덕적인 결함으로 위원회의 한 표에 따라 부결되더라도, 기간은 6개월로 하고, 6개월 후에 재지명할 수 있으며, 더 이상 부결되지 않으면 임명할 수 있다. 돌격하는 간부를 쉽게 끌어내리지 말아야 한다. 우리는 전쟁 중에 있는 것이다.

인재는 피라미드 탑 끝의 일부에 불과한 것으로 이해하지 말고 층별, 카테고리별로 존재한다고 이해해야 한다. 모든 직업과 영역에는 인재(전문가)가 있다. 국수를 잘 만드는 국수 장인, 용접 장인, 커피 장인, 비자발급과 관리를 잘하는 비자 인재(签证精英), 창고와 재고관리를 잘하는 창고 인재 등 각 분야마다 인재는 존재한다. 우리의 정책은 모든 인재를 격려하고, 조직의 힘을 합쳐서, 품질을 개선하고, 효율성을 높이고, 수익성을 증대시켜야 한다. 매년 5,000~6,000명 이상의 신입사원을 선발해 우리의 전투병력(우수인

력)이 단절되는 일이 없도록 해야 한다.6) 80년대생(빠링호우), 90년
대생(지우링호우)은 희망의 세대이다.7)

　　우리는 성공에서도 부족한 부분이 없는지 찾아내는 데 능숙해
야 하고, 실패할지라도 실패의 이유를 찾아야 한다. 실패 중에도
영웅은 있다. 장군의 실수에 장병을 연계시키면 안 되고, 각급의
목표와 책임은 분명해야 한다. 말단 간부들은 열심히 노력하고, 일
시적으로 성적이 부진하면, 도움과 지도를 받아야 한다. 중·고급
간부들은 조직력과 조화력을 중시하고, 다른 사람의 경험을 배워야
한다. 고위급 간부들은 그들의 방향감각과 리듬감각을 길러야 한
다. 방향감각은 무엇인가? 방향은 목표를 알고 방향을 설정하는 것
이다. 리듬감각은 무엇인가? 트렌드를 자세히 살피고 시장흐름에
따라 인도하는 것이다. 일을 잘 하는 사람은 권한을 합리적으로 나
눈다. 한 사람이 모든 일을 해내려고 하지 않는다.

　　우리는 확고부동하게 주 항로에서 힘차게 나아가야 한다. 목
표에 직면하여 유연한 전략과 전술을 가져야 한다. 주목표는 승리
이다. 책임과 결과가 너희들을 평가하는 것이지, 병사처럼 무조건
적인 복종이 아니다. 시대는 우리를 부르고, 우리는 우리의 청춘으
로 기적을 이루어야 한다.

　　앞으로 20~30년 동안 세계는 거대한 기술혁명을 경험할 것인
데, 그 깊이와 넓이는 우리가 아직 상상하지 못했던 것이다. 하지

---

6) 런정페이는 군대에서 오랜 기간 근무해서 영웅, 사병, 포화공격, 전투병력 등
　의 용어를 사용하는 특징을 보인다.

7) 등소평의 집권 이후, 1978년 말부터 개혁개방정책이 실시되었고, 1980년부터
　계획생육(計划生育: One child policy) 한 가족 한 자녀 정책이 실행되었다.
　1980년에 태어난 세대를 빠링호우(80后), 1990년에 태어난 세대를 지우링호
　우(90后)라 부르며, 중국에서 세대를 구분하는 기준이 되며, 이전에 태어난
　세대와 가치관과 생활방식이 다르다.

만 지난 20여 년 동안 10여 만 명이 함께 노를 저으며 우리는 '화웨이'라는 항모를 이미 출발선에 올려놓았다. 우리는 힘을 다해 아무도 점령하지 못한 구역으로 들어가려고 노력한다. 우리가 점차 선두로 나아갈 때, (시대의) 발전을 이끈다는 책임감을 가져야 한다. 공정한 질서로 세계를 선도할 수 있도록 개방된 구조를 만들어야 한다. 개방적 협력 없이는 정보사회를 위한 서비스 제공이 원활하지 않기 때문에 우리는 3GPP[8])와 같이 개방적으로 애플, 구글과 같은 수십만 파트너를 연결하여 조화로운 비즈니스 생태환경을 지속적으로 건설해야 한다.

전 병력(전 직원)은 반드시 (전략적으로) 계획하고 행동해야만, 전투에서 승리할 수 있다. 우리는 시기와 방향을 잘 파악해야 한다. 올바른 전략을 가지고 있다고 해도 우리의 현재 각 부서 직원과 전문가들은 기량이 있는지 파악해야 한다. 또한 현실 가능성들을 재고하고, 자아반성을 통해 끊임없이 방향을 바로잡으며, 조직과 프로세스를 개혁하여 우리의 전략을 서포트해야 한다. 개혁은 목표달성을 더 쉽고, 더 빠르고, 그리고 안전하게 해주어야 한다.

....

8) 3[rd]Generation Partnership Project. GSM, WCDMA, GPRS, LTE 등의 무선 통신 관련 국제 표준을 제정하기위해 1998년 12월 창설된 이동통신 표준화 기술협력 기구.

4. 미중 무역전쟁 위기(2017-현재)

(1) 미국의 견제와 화웨이의 위기

2020년 상반기 화웨이는 코로나19와 미국의 제재로 인해 위기를 겪고 있다. 두 가지 악재가 겹치면서 화웨이가 스마트폰을 출시한 이래 10년 만에 성장률이 하락할 것으로 전망된다. 이어 2020년 1월 초 미국의 규제로 구글 GMS(Google Mobile Service)를 화웨이 스마트폰에 사용하지 못하게 되어 해외 출하량 하락이 가속화되었다.

1월 화웨이의 컨슈머 비즈니스그룹 부문이 올해 내부적으로 스마트폰 출하량 예측치를 1억 9천만~2억 대 수준으로 하향 조정했다. 이는 예년에 비해 생산량이 20% 감소한 것이다. 2020년 1분기 화웨이의 자회사인 하이실리콘은 타이완 반도체 제조회사인 TSMC(Taiwan Semiconductor Manufacturing Company)에 스마트폰 AP(Application Processor) 생산량을 10~15% 줄였다. 동시에 올해 연간 하이실리콘의 7nm 및 5nm 생산량 또한 20% 가량 줄었다.[9] 화웨이는 현재 설립 이래 가장 큰 위기를 맞고 있다. 기업 규모가 커진 만큼 위기도 복잡다단해졌다.

미국과의 갈등도 줄어들 여지가 보이지 않는다. 미국의 화웨이 견제는 최근의 일만이 아니다. 이미 2003년 시스콤과의 소송에서부터 시작하였다고도 볼 수 있다. 이후 미국 정부는 2008년 미국 네트워크 장비 업체 쓰리콤(3Com)을 화웨이가 인수하지 못하도록 막았고, 2010년 미국 서버 업체의 인수 또한 막았었다. 미국은 화웨이를 단순 통신 기업 이상으로 대하고 있다. 2012년엔 미 하원

---

9) https://www.zdnet.co.kr/view/?no=20200309084430 일부 참조.

정보위원회가 "화웨이 네트워크의 확산이 미국 국가 안보를 위협한다"고 경고하였다. 또한 중국이 2017년 6월 28일 국가정보법을 시행하면서 미국의 경계는 더욱 강화되었다. 중국의 국가정보법의 법안 내용은 모든 기관과 시민은 국가 정보 업무를 지원·협력해야 한다는 것이다. 이는 화웨이 같은 중국 회사들이 그들의 네트워크를 중국 정부에 제공해야 한다는 것을 의미하는 것이었다. 항상 중국을 경계해왔던 롭 스펠딩 미 공군 준장10)은 이러한 중국의 정책이 미국에 위험요소임을 백악관에 알리고 국가 안보를 위해 강경한 제재를 요구하였다.11)

미국은 화웨이에 대한 더욱 강경한 제재를 시작하였다. 화웨이의 통신산업은 미국의 국가보안에도 위협을 가하지만 그뿐만이 아니다. 5G(5세대 이동통신)시대에서 중국의 기술이 전 세계 네트워크의 기초가 되는 것을 우려하고 있는 것이다. 2019년 11월 미국은 국가안보에 위협이 된다는 이유로 화웨이와 거래하는 미국 중소 무선통신기업과 인터넷서비스제공사업자 장비를 연방정부가 구매하면 보조금을 받지 못하도록 결정했다.12) 2020년 2월 13일 뉴욕 연방 검찰은 대북 제재 위반을 포함한 16가지 혐의로 화웨이와 미국 내 자회사, 창업자 딸이자 화웨이 최고재무책임자(CFO)인 멍완저우 부회장을 기소했다. 한편 미 상원은 2020년 2월 27일 연방기금으로 화웨이와 중싱(ZTE) 등의 통신 장비 구매를 금지하는 법안을 만장일치로 가결했다.13) 또한 스펠딩 미 공군 준장은 5G 네

10) 중국 통지(同濟)대학을 다닌 중국통으로 2014~2016년 합동참모본부 중국 총괄, 베이징 미국 대사관 국방무관을 지냈다.

11) http://economychosun.com/client/news/view.php?boardName=C24&t_num=13608560 일부 참조.

12) http://it.chosun.com/site/data/html_dir/2020/03/13/2020031301202.html 일부 참조.

트워크 장비 업체인 삼성·에릭슨·노키아의 엔지니어들을 국가안보
회의에 초청하여 화웨이를 배제한 단일한 거대 네트워크를 만들
전략을 회의하기도 하였다.

　이뿐 아니라 글로벌 반도체 제조업체들의 부품 제공도 막았
다. 미국산 장비로 생산한 반도체를 화웨이에 수출할 경우 미 당국
의 승인을 받는 방안을 추진하고 있다. 2020년 2월 17일 월스트리
트저널(WSJ)에 따르면 미국 상무부는 해외 기업의 군사용 혹은 국
가안보 관련 제품에 미국기술을 사용한 제품납입을 제한하는 '해외
직접 생산규정' 수정안을 작성하고 있다. WSJ는 미국의 제재 논의
가 현실화될 경우 미국 반도체 장비 제조업체에 직격탄이 될 것이
라고 분석했다. 미국산 장비를 써서 화웨이에 공급할 반도체를 만
들면 여러 제한이 많은 만큼 다른 국가의 대체품을 찾을 가능성이
높다. 또한 화웨이에 들어가는 반도체를 상당량 위탁생산하고 있는
대만 업체인 TSMC(세계 최대 반도체 위탁생산업체)에도 타격을 줄 수
있다고 전했다. TSMC의 전체 매출 가운데 약 10% 정도는 화웨이
의 반도체 설계 자회사인 하이실리콘(HiSilicon Technologies Co.,
Ltd: 海思半导体有限公司)[14]에서 나오고 있는 것으로 알려졌다. 시장
조사기관 가트너 집계를 보면, 2019년 화웨이는 총 208억 달러(약
25조원)어치의 반도체를 구매하여 애플, 삼성전자에 이어 전 세계
톱3에 이름을 올리고 있다.[15]

　2020년 5월 18일, TSMC가 중국 대표 통신장비업체인 화웨이

---

13) http://economychosun.com/client/news/view.php?boardName=C24&t_n
um=13608560 일부 참조.

14) 화웨이가 선전(深圳)에 설립한 반도체 제조사이다.

15) https://biz.chosun.com/site/data/html_dir/2020/02/18/2020021801515.html?
utm_source=naver&utm_medium=original&utm_campaign=biz 일부 참조

의 신규 주문을 받지 않기로 했다는 보도가 나왔다.[16] 2020년 5월
15일 미국 애리조나주에 생산공장 건설을 결정한 TSMC가 화웨이
에 대한 반도체 판매를 제한하려는 미 정부 기조에 따르기로 했다
는 해석이다. TSMC는 관련 보도 내용을 부인한 반면 화웨이는 답
변을 거부했다. 만약 TSMC가 화웨이 공급을 중단하면 양사 모두
적지 않은 손해를 볼 전망이다.

　미국 정부는 5월 15일(현지시간) 외국 파운드리(반도체 위탁생
산) 업체가 화웨이에 제품을 대려면 미국 정부의 허가를 받도록 관
련 제재를 대폭 강화했다. 2019년 5월부터 시작된 제재로 퀄컴 등
미국 반도체 회사들과 거래가 어려워지자 화웨이는 자체 설계한
반도체를 세계 최대 파운드리사인 대만 TSMC에 맡겨 위기를 넘겨
왔다. 이번 미 정부의 조치는 TSMC의 협력이라는 '우회로'까지 틀
어막아 화웨이가 스마트폰 두뇌 격인 애플리케이션 프로세서(AP)
같은 비메모리 반도체 부품을 구하지 못하게 하기 위한 것으로 받
아들여진다.[17]

(2) 7전8기의 화웨이, 위기 극복의 실마리들

　이렇듯 화웨이의 대내외적인 상황이 현재 좋지만은 않다. 화
웨이가 창립된 이래 최대의 위기를 맞고 있다고도 볼 수 있다. 세
계 시장에서는 미국의 강한 견제를 받고, 그나마 견고하게 유지하
였던 중국 내 스마트폰 시장도 코로나 19 여파로 인해 수익을 지
지해주기 어려운 상황이다. 하지만 이때까지와 마찬가지로 화웨이
는 불굴의 정신으로 돌파구를 찾고 있다. 딩윈(丁耘) 화웨이통신 네

16)　https://www.hankookilbo.com/News/Read/202005182272063175?did=D
A&dtype=&dtypecode=&prnewsid=
17)　https://news.v.daum.net/v/20200519120147385

트워크 그룹 최고경영자(CEO)는 2020년 2월 20일 영국 런던에서
신화통신과 인터뷰를 갖고 지금까지 91건의 5G 상업 계약을 체결
했으며 60만개 이상의 대용량 다중입출력 장치(Massive MIMO) 활
성 안테나(AAUs)를 출하했다고 밝혔다. 그는 5G 시대에는 이전과
다르게 데이터 용량, 주파수 대역폭, 대기시간, 연결기기 숫자 등
다양한 부분에서 회사별로 기술력 차이가 날 수 있다고 말하였다.
그는 화웨이의 5G 기술력을 강조하며 고객 편의를 위한 다양한 기
술의 차별화가 이뤄지고 있다고 설명했다. 또한 화웨이는 5G 사업
혁신을 위해 향후 5년간 2천만 달러를 투자할 계획이라고 밝혔
다.[18] 실제로 이러한 화웨이의 노력은 결과로 나타나 2019년 4분
기 5G 통신장비시장 점유율은 35.3%로 세계 1위를 차지하였다.

그림 2 5G 통신장비 시장점유율(단위: %)

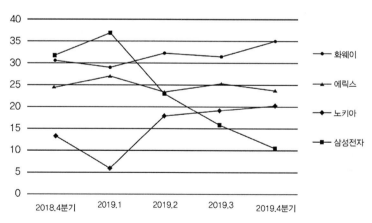

출처: 박형수, '삼성1위-4위 추락한 한국이 쏜 5G, 1년만에 中에 추월당했다',
　　　중앙일보, 2020.5.5.

....

18) https://www.yna.co.kr/view/AKR20200221066900009?input=1195m 일부
　　참조.

　　화웨이는 5G 상업계약 91건 중 47건을 유럽 기업과 체결하였다. 프랑스 정부는 미국의 반대에도 불구하고 보안 위험이 낮은 장비에 대해 5G 네트워크 구축에 화웨이 장비 사용을 승인하기로 했다. 화웨이는 프랑스 당국의 결정을 앞두고 2억 유로(약 2,600억원) 이상을 투자하여 대규모 공장을 설립하겠다는 계획을 밝힐 정도로 유럽 시장에 공을 들였다.[19] 화웨이는 프랑스의 지리적 위치, 성숙한 산업 인프라, 고학력 노동 인력 등의 이유로 공장입지를 선택했다고 하였다. 프랑스 공장의 설립은 유럽 고객에 대한 납품 시기의 신뢰성을 높일 것이다.[20] 유럽의 중심인 프랑스에 공장을 설립하는 것은 화웨이가 5G 산업의 유럽 진출에 대해 상당한 노력을 들이고 있음을 볼 수 있다.

　　또한 화웨이는 자체 소프트웨어와 장비개발에도 힘쓰고 있다. 5천만 달러를 투자해 ICT 아카데미 개발 인센티브 펀드를 조성할 예정이다. 이 프로그램을 통해 전 세계 유수의 대학들과 협력, 향후 5년간 ICT 전문가 200만 명을 양성하고 디지털 기술의 보급을 확산할 계획이다.[21] 한편 2019년 미국 정부가 화웨이를 거래금지 대상기업에 포함시켜 '구글모바일서비스(GMS)'의 사용이 어렵게 되자 화웨이 모바일 서비스(HMS)를 확대, 화웨이 생태계를 구축하며 구글의 서비스를 사용하지 않아도 되도록 노력 중인 가운데 '화웨이 서치(Huawei Search)'라는 자체 검색엔진까지 개발 중인 것으로 알려졌다. 화웨이는 자체 운영체제인 홍멍과 자체 HMS 확대에 이

....

19) http://it.chosun.com/site/data/html_dir/2020/03/13/2020031302315.html 일부 참조.

20) http://www.asiatoday.co.kr/view.php?key=20200302010001031 일부 참조.

21) http://news.mtn.co.kr/newscenter/news_viewer.mtn?gidx=202003021905 3585742 일부 참조.

어 브라우저, 검색 애플리케이션까지 준비하며 보폭을 넓히고 있어
글로벌 기업들의 주목을 받고 있다.[22] 미국의 제재는 지금은 화웨
이에게 큰 충격을 가하였지만 화웨이가 자체 개발에 힘써 극복해
나간다면 글로벌 기업이 중국 시장을 잃는 결과를 초래하게 될 수
도 있다.

중국 정부의 반도체 굴기에 대한 지속적인 노력도 화웨이를
돕고 있다. 중국 각지에서 정부 주도하에 시스템 반도체와 메모리
반도체에 공을 들이고 있다. 2020년 2월, 중국 반도체 업체 창신
메모리(长鑫存储, CXMT)[23]는 D램 생산을 공식화하기도 했다.
2020년 5월 18일 중국언론 차이신(財新)에 따르면 중국의 파운드
리(반도체 위탁생산) 업체인 SMIC(中芯國際)는 최근 공고를 내고 국
가집적회로(IC)산업투자펀드(약칭 대기금)와 상하이집적회로펀드로
부터 총 22억 5천만 달러(약 2조 7천 700억 원)의 투자를 받을 예정
이라고 밝혔다.

정부 주도 투자가 이어지면서 반도체를 직접 생산하지 않고
설계 및 기술 개발만 하는 기업을 말하는 팹리스(Fabless) 생태계도
점차 확대되는 분위기다. 화웨이의 하이실리콘, 칭화 유니그룹(紫光
集团有限公司)[24]의 유니SOC(Unisoc)[25] 외에 1,700개가 넘는 팹리스

....

22) http://www.econovill.com/news/articleView.html?idxno=387619 일부 참조.
23) 중국 주요 D램 생산업체인 창신메모리(CXMT)는 안후이(安徽)성 허페이(合
肥)시에 있다.
24) 칭화유니그룹은 중국 명문대인 칭화대학(清华大学)이 1988년 처음 설립한
산학연계기업이다. 2013년 스프레드트럼, 2014년 RDA마이크로닉스 등 중국
반도체 설계기업을 잇따라 인수하며 몸집을 불려왔다. 규모가 커진 칭화유니
그룹은 반도체 생산까지 발을 넓히고 있다.
2016년 12인치 웨이퍼 생산능력을 갖춘 XMC를 인수하면서 정부 투자를 받
아 YMTC를 설립했다. YTMC는 XMC의 연구개발 역량과 글로벌 파트너십을
활용해 1년여 만에 중국기업 최초로 3D낸드 설계와 제조에 성공하는 등 빠
르게 성장하고 있다. YMTC는 우한, 상하이, 베이징 등 중국뿐 아니라 도쿄

(Fabless)[26] 기업이 다양한 반도체를 개발·양산하고 있다.[27]

중국 내 시스템 반도체 회사는 하이실리콘과 유니SOC (UNISOC) 등 양대 회사가 이끌어가고 있다. 하이실리콘은 화웨이 자회사로, 스마트폰에 들어가는 애플리케이션 프로세서(AP) '기린' 시리즈와 5G 모뎀 칩 발롱5000 등을 화웨이에 공급하면서 연 6조 원 이상 매출을 올리고 있다. 유니SOC는 칭화유니그룹이 2013년 미국 시스템반도체 업체 스프레드트럼을 인수하면서 만든 회사로, 인텔과 협력 중단·영업 손실 등 부정적 이슈가 있지만 규모 면에서 여전히 주목받고 있다.[28]

화웨이는 앞으로 5G 산업 생태계를 이끌어가기 위해 5G 연구를 지속적으로 하고 있다. 화웨이는 5년간 5G 산업에서 주목해야할 10가지 트렌드를 발표하였다.

① 전 세계 기지국의 수요 급증에 따라 90%는 디지털로 관리할 것이다. ② 환경 친화적이면서, 탄소 배출량이 적고, 전력비용

....

와 실리콘밸리 등에 연구개발 거점을 두고 마이크론, 도시바 등의 인재 영입에 적극적으로 나서고 있다. 현재 연구개발 인력 2천 명을 포함해 4천 명의 직원이 소속됐다.

YMTC를 통해 낸드사업의 기반을 갖춘 칭화유니그룹은 D램 생산기술 개발에도 적극적으로 나서고 있다. 칭화유니그룹은 2015년 마이크론 인수를 시도하다 무산된 뒤 자체 제조역량을 확보하는 쪽으로 전략을 선회했다. 이후 대만 D램의 아버지라 불리며 난야·이노테라 등을 이끌었던 찰스 카오 최고경영자(CEO)에 이어 사카모토 유키오 전 일본 엘피다 CEO를 수석부사장으로 영입했다(http://www.businesspost.co.kr/BP?command=article_view&num=161847 일부 참조).

25) 저가 스마트폰에 탑재되는 Spreadtrum 모바일 칩셋을 생산하는 업체이다.

26) 팹리스는 반도체 설계 기술은 있으나 생산라인(공장)이 없는 업체다. 반도체 제조 공정 중 하드웨어 소자의 설계와 판매만을 전문으로 하는 회사로, 종합반도체기업(IDM)과 달리 반도체 생산설비를 갖추고 있지 않다.

27) https://www.etnews.com/20200320000085 일부 참조.

28) https://www.etnews.com/20190401000192 일부 인용.

이 낮으며, 유지관리가 필요 없는 친환경 에너지에 대한 투자가 확대될 것이다. ③ 고밀도 에너지 저장시스템인 리튬배터리의 수요가 증가할 것이다. ④ 항만, 광산, 전력, 교통, 대학, 병원, 지역사회 등 다양한 산업에 통신과 에너지의 역할이 가중될 것이다. ⑤ 5G는 필연적으로 정보화와 인공지능과 융합되어 사용되고 전력공급, 관리 등에 새로운 도전이 있을 것이다. ⑥ AI와 협업으로 전반적인 유지관리 및 에너지 비용을 절약할 것이다. ⑦ 네트워크의 효율성이 강화될 것이다. ⑧ 현재 대부분의 전력 공급기가 지원하지 않는 다중 패턴 입출력을 지원하게 될 것이다. ⑨ 전력 발전 시스템, 온도 관리 시스템, 전력 공급 라인에서의 효율성을 높일 것이다. ⑩ 에너지 네트워크의 위험관리를 통한 신뢰도를 높이는 작업이 필요해질 것이다.[29]

5G 산업은 처리할 수 있는 데이터의 용량이 크고 속도가 매우 빨라 이때까지의 통신 기술과 달리 인류 사회의 메커니즘을 바꿀 가능성이 생긴다. 화웨이는 이와 같은 전환을 선도하여 위치를 공고히 하려는 전략을 갖고 있다. 결국 화웨이의 기술력과 인적자원이 기나긴 겨울을 희망차게 보낼 수 있기 위한 희망의 원동력이다.

(3) 화웨이의 내부 각성

무역전쟁 시작 당시 2018년에 CEO가 간부에게 보내는 이메일로 화웨이 회사 내의 상황이 긴박함을 유추해 볼 수 있다. 아래 메일에서 나타난 주 내용은 인력 자원에 대한 내용이 대부분이다. 어려운 상황에서도 우수한 인력자원으로 활로를 찾으려는 화웨이의 노력이 드러난다.

....

29) http://www.nextdaily.co.kr/news/article.html?id=20200318800035 일부 참조.

이메일 메시지[2019] 007호 2019년 2월 22일[30)]

• 인력과 재무지표

우리는 미래 경제상황에 대해 정확한 인식을 가져야 합니다. 모든 일은 많이 생산하는 것과 토지를 비옥하게 하는 것에 초점을 맞추어야 합니다. 무조건 열심히 한다고 다 되는 건 아닙니다. 앞으로 몇 년 동안, 전반적으로 기존의 예상처럼 낙관적이지 않을 것입니다. 우리는 고난의 세월을 보낼 준비가 되어 있어야 하고, 경제정세에 대해 정확한 인식과 평가를 하고 있어야 합니다. 예를 들어, 5G가 4G처럼 널리 이용되지 않을 수도 있습니다. 만약 그렇다면, 우리는 종업원 18만 명을 먹여 살릴 연봉과 주식배당금 300억 달러를 해결해야 합니다.

현 정세에서 우리는 어떻게 해야 합니까? 각각의 작업은 식량을 많이 생산하는 것과 토양을 비옥하게 하는 것에 초점을 맞춰야 하며, 만약 가치가 없다면 일부 일자리를 줄이고 포기하는 것도 생각해야 합니다. 일부 직원들을 해고하여 인건비도 낮춰야 합니다. 우리는 이와 같이 힘든 상황에서 다음의 것들을 고려해야 합니다.

첫째, 우리는 일부 우수인력에 대해 적절한 보상을 주어야 합니다. 소프트웨어 산업의 개혁은 성공이며, 현재 소프트웨어제품 라인은 이윤을 내기 시작했습니다. 만약 소프트웨어 개혁이 없었다면 오늘날 단말기의 성장도, 클라우드 업무의 서광도 없었을 것입니다. 소프트웨어 제품라인의 일부 사람들이 여전히 고군분투하고 있습니다. 이들은 위대한 영웅이니 그들에게 적절한 보상과 인센티브를 제공해야 합니다.

....

30) http://www.txrjy.com/thread−1061759−1−1.html 일부 참조.

지난 30년 동안 우리는 너무 순조롭게 발전해 와서 조직이 몸집만 비대해진 건 아닌지, 모든 곳이 효율적인지 항상 모니터링해야 합니다. 전반적인 승리를 위해서, 미래에 우리는 좀 더 간결한 조직이 되어야 합니다. 또 조직마다 소프트웨어를 배워야 합니다. 개혁을 당하는 것은 누구나 정서적으로 부정적일 수 있지만, 회사가 무너지면 안 되기 때문에 개혁을 정면에서 추진하고, 부정적 요소를 반드시 긍정적 요소로 전환시켜야 합니다.

둘째로, 잉여 직원들을 차별하지 말아야 합니다. 직원에게 업무가 없는 것은 상사의 책임이지 직원에게 책임이 있는 것은 아닙니다. 전투 시 작전과 임무가 없어지면 그 군대는 위축되게 됩니다. 따라서, 우리는 잉여 직원들을 적절하게 재배치해야 합니다. 지금 선진적인 도구와 방법을 도입하되 과도한 감원은 피해야 합니다. 제품관리의 인력은 귀중한 자산이므로 장차 우리의 신제품에 유용할 수 있을 것입니다. 예를 들어, 만약 우리가 80세 노인의 경험을 청소년들에게 전해주고, 그들이 어린 시절부터 열심히 공부하고, 체력을 키운다면, 모든 것이 달라질 것입니다.

셋째, 품질을 중시해야 합니다. 이 '품질을 중시한다'는 말의 의미는 제품이 아니라 재무에 초점을 맞추어, 재무지표와 재무기여도를 중시해야 한다는 것입니다. 지금 지역마다 생산지표를 목표로 삼고 있는데 재무지표는 어떻습니까? 우리는 항상 총체적인 생산성을 이야기하는데, 1인당 생산성도 말할 수 있습니까? 재무지표를 조작하지 않게 내부감시를 철저히 하고 재무지표의 성장을 위해 노력해야 합니다.

• 전문성 강조

강을 건너기 위해 배와 다리는 매우 중요합니다. 인력자원과 간부관리 포지션에서 가장 중요한 것은 실력과 전문성을 강조하는 것입니다. 다음과 같은 방법들로 우리는 인적자원을 관리해야 합니다.

첫째, 전문가를 양성해야 합니다. 인적자원시스템과 간부시스템에서 34개의 인적자원 모듈이 가장 중요하고, 모든 직원이 열심히 공부해서 인적자원 모듈을 효과적으로 파악하면 훌륭한 전문가로 성장합니다. 인력자원 양성은 34개의 모듈을 가지고 있는데, 각 모듈마다 1명의 최고 전문가를 내면, 최고 전문가는 최소 34명이 됩니다. 앞으로 각 모듈에서 1명의 최고 전문가가 최소 3~5명씩 전문가를 키워내면 200~300명의 전문가를 양성할 수 있습니다. 그러면 미래에 화웨이는 500~600명의 전문가를 보유하게 될 것이고, 이 체계는 점점 발전할 것입니다. 이러한 이유로, 회사는 여러분들이 인적자원 모듈을 학습하도록 강요하고 있습니다. 현재 우리는 전문가가 부족하다고 생각하여 외부 전문가도 환영하고 있습니다.

둘째, 공부해야 합니다. 우리는 해당 부서의 직원들에게 시험을 시행하여 여러분이 공부하도록 촉구하기 시작했습니다. 저는 오픈북 시험을 권장하는데, 책을 봐도 되지만, 답안 작성은 논리적이어야 합니다. 그냥 베낀 것은 이해를 못한 것입니다. 논리를 베낄 수 있다면 그것은 내용을 이해했다는 증거입니다. 당신들은 각각 직원, 시스템부, 대표부, 지역부, 이사회를 대신해 토론할 수도 있습니다. 이렇게 서로 다른 부서와 계층의 관점에서 이윤을 어떻게 배분하고 직급을 어떻게 올릴지 토론할 수 있습니다. 토론에는 항상 타협이 있고, 더 나아가 공감대를 형성해 시행할 수 있습니다.

셋째, 개혁해야 합니다. 개혁할 수 있을까요? 답은 '네'입니다. 당신이 열심히 배우고, 말하는 훈련을 한다면, 심지어 대학교수보다 더 잘 말할 수 있습니다. 깊이 이해하고 치밀한 계획을 세운 후,

행동한다면 왜 개혁하지 못합니까? 권력을 이용해 간부를 관리한다고 해서 반드시 잘 관리할 수 있는 것은 아니고, 또 잘 관리하지 못하면 부하직원들은 충성하지 않습니다. 우리에게 필요한 것은 '관념'이 아니라 '가치'이며, 적절한 규칙을 모색해 우리의 가치평가가 진실에 부합하도록 하는 것입니다. 화웨이가 오늘의 성공을 거두게 된 것은 내부 개방과 관련이 많습니다. 우리는 왜 직급을 공개하고 실적을 공개합니까? 혹자는 프라이버시 보호를 원한다고 말합니다. 하지만 기업에서는 일한만큼 보상을 줍니다. 우리는 서양에서 들여온 이 인센티브 방식들을 어떻게 더욱 활용하여 관리 효율성을 높일 수 있는지 고민해야 합니다.

• 효율적인 조직 시스템 조성

첫째, 모든 사람이 실적으로 공정하게 평가받아야 장기적으로 조직에 질서가 생기고, 조직 시스템을 단순하게 정비해야 회사가 전진하는 것이 가능합니다. 공정한 평가는 각각의 '기여도'를 세세하게 분류할 수 있습니다. 우리가 인센티브 체제를 제안한 것은 이들을 격려하고자 함입니다. 판매 수량으로 인센티브를 주고 판매금액에 비례하지 않았습니다. 기술이 낮은 제품일수록 높은 인센티브를 내걸어 히말라야 등 험준한 지역에 가는 판매사원들에게도 인센티브를 아끼지 않았습니다. 우리는 그룹과 자회사의 권한부여 절차를 간소화하여, 권한부여를 점차 확고히 해야 합니다. 원칙을 정하면 장기적으로 유효합니다.

둘째, 조직을 만들고 돌격을 유도해야 합니다. 5~10년 만에 내부 변화 시스템을 완성하면 화웨이는 치열한 경쟁에서도 생존할 수 있습니다. 방향은 정확해야 하고 조직은 활기차야 합니다. 만약 우리 조직 전체가 분발하여 일을 한다면, 또 누가 우리를 막을 수 있겠습니까? 전 세계에 좋은 비즈니스 모델이 있다고 생각하지 마십시오. 우리의 분배 메커니즘은 세계적인 수준을 가지고 있는데, 그것은 몇 십 년을 거쳐야만 형성될 수 있는 것이지, 하루아침에 실현될 수 있는 것이 아닙니다. 우리의 메커니즘은 아직 최적화되진 않았지만 점차 개선하면 됩니다. 그리고 인공지능화 이후, 사람이 점점 적어지고, 파이는 점점 더 커집니다. 한 세대는 차세대의 희망입니다. 우리가 내부 시스템을 잘 정비해 놓으면 새로운 세대는 더욱 단단하게 조직의 힘을 키울 수 있습니다. 그래서 어떻게 리더를 뽑을지, 돌격대(선발대)를 잘 평가할지, 모두가 적극적으로 작전을 할 수 있도록 그 책임을 지는 게 가장 중요합니다.

궈핑(郭平) 순환CEO:
아래의 4가지 간부관리에 대하여 생각해보시기 바랍니다.

① 간부는 결원이 있어서는 안 되고, 주요업무에 대한 기초가 잘 닦여 있어야 하며, 업무현장도 잘 알아야 합니다. 나는 대표처 주임이 1년 중 절반도 현장근무를 하지 않았고, 연구개발(R&D)부서의 사원이 외부에 회사를 차리고, 외주직원이 그를 대신해 일한다는 이야기를 들었습니다. 기초적인 현장관리, 간부관리는 어디로 갔습니까? 위의 사례를 보편적인 현상이라고 할 수는 없지만 불행히도 우리에게 모두 적발되었습니다. 각급 간부관리 부서로서 당신들은 어떤 책임을 맡고 있습니까? 기초적인 일을 잘 해야 합니다.
② 간부는 CEO의 부하직원이지만, CEO의 시각을 가지고 있어야 합니다. 그리고 어떤 곳에서는 일을 생각할 때 역지사

지의 시각을 가지고 일을 해야 합니다. 예를 들어, 몇 단계가 직원들의 머리 위에 있습니까? 우리는 말단 직원들의 관점에서 볼 필요가 있고, 직원들 위에는 얼마나 무거운 책임들이 있고, 각각의 무거운 책임들은 어떤 특별한 가치가 있는지 알아야 합니다. 간부관리 부서는 조직의 모든 계층이 자신만의 독특한 가치를 가질 수 있도록 독려해야 합니다.

③ 간부 관리직이든 인적자원 관리직이든 열정에만 의지하면 안 되고 전문성을 가져야 합니다. 인적자원 34개 모듈을 활용해 업무성공을 뒷받침해야 합니다. 만약 강을 건너고자 한다면 배와 다리가 제일 중요합니다. 이처럼, 인력자원부서와 간부관리부서는 직원들로 하여금 먼저 실력을 키우고, 전문성을 제고시키게 할 필요가 있습니다. 실력과 전문성은 강을 건너기 위한(업무를 수행하기 위한) 다리와 배의 역할을 하는 것입니다. 간부관리부서는 전문적인 권한을 갖고 업무와 직원을 잘 이해해야 합니다.

④ 인적자원관리와 간부관리는 회사의 가이드라인을 따라야 합니다. 인적자원 정책은 반드시 회사 전체의 성공을 고려해야 하며, 전 업무의 건전한 발전에 대해 책임져야 합니다. 당신들이 회사간부로써 정책을 수립할 때, 자신의 이익을 고려하는 것 외에 이러한 일들을 추진하는 회사의 큰 배경을 이해해야 합니다.

화웨이의
인재관리

1. 시기별 인적자원 관리 이슈와 해결 방법

(1) 소규모 창업기업식 인사관리(1987~1991)

1987년 화웨이가 선전(深圳)에 설립되었을 때 직원은 14명이었다. 당시 화웨이는 주로 전화 교환기를 판매하기만 하였다. 1990년부터는 전화 교환기를 조립하기 시작하였다. 1991년에 화웨이 직원은 50명밖에 되지 않아 초기에 런정페이는 직원들과 매일 얼굴을 맞대고 일했다. 따라서 직원간의 이익분배가 상대적으로 간단했다.

화웨이는 창업 초기에 많은 자금과 인재를 필요로 했다. 화웨이가 설립되었을 때의 등록 자본은 2만 위안이었는데 이는 비슷한 업종이었던 중싱통신(中兴通讯: ZTE)의 등록 자본인 2백만 위안과 비교했을 때 화웨이가 상대적으로 작은 회사였음을 알 수 있다. 즉, 초창기 자본금은 약 100배 정도가 났던 것이다. 또한 중싱통신은 국유기업이었고 각종 자원에 있어서 화웨이보다 여유가 있었다. 반면 화웨이는 후발주자이고 민영 기업이어서 상대적으로 시장 점유율이 낮아 은행에서 대출을 받는 데도 한계가 있었다.

이런 상황에서 인재와 자본 유치를 위하여 주식 인센티브 제도를 채택하였다. 1991년부터 화웨이는 직원들에게 회사의 주식을

사서 인센티브로 주어 회사의 이익과 직원의 이익을 일치시키는
제도를 시행하였다. 이러한 조치는 화웨이의 이후 인적자원관리에
큰 영향을 주었다. 화웨이가 발행한 주식은 사내에서 1위안에 거래
되었으며, 화웨이의 세후 순이익의 15%를 배당받았다. 그 당시 직
원들의 급여는 주로 임금, 보너스, 주식의 배당 세 부분으로 나누
어졌는데, 이 세 부분의 금액은 거의 비슷했을 만큼 주식의 배당이
연봉에 큰 기여를 하였다. 신입사원은 입사 후 1년이 지나야 주식
의 구매가 가능하며, 구매 건수 한도는 주로 신입사원의 실적, 포
지션 등에 따라 종합 심사를 받았다. 주식매입자금이 모자라면 대
출을 받을 수 있었다.

(2) 인적자원관리 시스템의 시작(1992-1997)

1) 마케팅부 관리자 개혁

이후 화웨이는 대규모로 생산을 주문하였고 직원 수도 빠르게
성장하였다. 화웨이도 독립적으로 연구개발을 시작하였는데 이는
중국에서 처음으로 스스로 연구 개발하여 대규모로 생산한 디지털
교환기였다. 1992년 화웨이의 판매액은 1억 위안에 달했고 직원은
270명이 되었다. 이때부터 화웨이는 대규모 채용을 시작하였다.
1995년에 직원은 1,800명을 넘었다. 따라서 95년 이후부터 직원들
의 공정한 평가와 포상이 매우 중요한 문제가 되었다. 그뿐 아니라
화웨이의 제품군도 점점 다양해졌다. 특히 독립적으로 연구한 사용
자 교환기인 C&C08의 출시는 화웨이가 고속 발전하는 단계로 진
입했음을 상징했다.

창업 초기에는 대부분 소수의 카리스마 있는 리더들이 회사를
운영하게 된다. 이러한 영웅들은 자신의 방식으로 직원을 채용하고
격려한다. 그러나 이러한 시스템은 체계화된 시스템이 없고 중앙

통제가 어렵다. 회사의 규모가 커질수록 소수의 리더들이 보이는 개인적인 리더십으로는 각 부서의 효율을 극대화하기 어려웠다. 그뿐 아니라 초기에 회사를 이끌었던 영웅들은 회사에서 이미 높은 직급에 이르러 실무자가 아니기에 실무에 밝지도 못하였다.

손자병법이 다른 병법서와 차별되는 가장 큰 특징은 시스템에 의한 조직 관리를 강조한 점이다. 영웅주의, 즉 한 사람의 뛰어난 판단과 결정에 의해 전쟁이 치러지던 시대에 장군을 지낸 손자는 한 사람의 리더십보다는 체계적인 시스템으로 군대를 운영하는 것을 강조한다. 병사들의 능력은 조직의 시스템에 의해 극대화될 수 있다. 손자병법에 의하면 '유능한 장군은 조직의 성공을 세(勢)에서 구하지 개인의 능력을 탓하지 않는다.' 런정페이 회장도 화웨이가 커지면서 조직의 체계적인 시스템을 확립해야 함을 느꼈다. 조직의 분위기가 바로 세(勢)이다. 제대로 관리되어 있는 조직은 누가 들어와도 그 능력을 십분 발휘할 수 있다.[1]

화웨이 인적자원 시스템의 1차 개혁도 이때 시작되었다. 개혁은 마케팅부서에서 처음 시작되었다. 마케팅부서는 화웨이에서 제일 중요한 부서 중 하나이다. 왜냐하면 제품 판매가 중심인 화웨이의 초기 발전단계에서 매우 중요한 역할을 해왔기 때문이다. 1명의 우수한 판매 관리자가 되기까지는 매우 긴 시간과 노력이 필요하였다. 따라서 경험 많은 판매관리자가 나가면 엄청난 손실을 감수해야 했다. 왜냐하면 새로운 사람이 영업을 하고 인맥을 쌓으려면 또다시 많은 시간과 노력이 필요했기 때문이다.

하지만 마케팅부서도 어김없이 개혁의 대상이 되었다. 1996년 화웨이의 인사관리에서 유례없던 큰 개혁이 일어났다. 1월에 마케

---

1) 박재희, "경영전쟁 시대 손자와 만나다." 서울, 크레듀, 2010. p.164.

팅부서의 모든 관리자들에게 모두 동시에 연간보고서와 사직서를
제출하도록 하였다. 이 보고서와 사직서는 그들의 실적이 여전히
해당 관리자 직위에 있을 수 있는지를 평가하는 데 사용하였다. 이
러한 개혁으로 마케팅부서에서 30%의 관리자가 교체되었다. 마케
팅부서의 변동은 회사에 일부 부정적인 영향을 가져왔지만, 런정페
이는 굳건하게 마케팅부서 판매관리자의 선발과 임용과정을 개혁
하였다. 그는 이렇게 개혁하지 않으면, 장래에 회사가 어려움에 빠
질 수 있다고 판단하였다.

　　이러한 마케팅부서 직원의 집단 사직은 화웨이 기업문화인
'늑대문화'와 관련있다고 볼 수 있다. 화웨이는 체계적으로 직원의
개인 능력을 기준으로 채용하고 간부를 선발하였다. 당시 중국의
많은 기업이 이력으로 직원을 평가한 것과는 다른 양상이었다. 화
웨이는 이력과 경력보다는 개인 능력과 실적을 중시하려고 노력했
다. 실적이 좋지 않은 직원은 직급을 낮추었다.

2) 공정한 평가체계 확립

　　1997년 초 화웨이는 또 다른 이익분배 문제에 맞닥뜨렸다. 화
웨이에 명확한 직원평가 기준이 있지 않아 직원들을 공정하게 평
가하는 것이 어렵다는 것이었다. 회사의 임원들은 종합적이면서 공
정한 평가체계가 필요하다고 생각하였다. 이때 한 사례가 화웨이
경영진의 관심을 받았다. 일전에 화웨이는 두 명의 신입사원을 상
하이(上海)와 신장(新疆)에 동시에 발령 보냈다. 하지만 둘의 실적
차이는 매우 컸다. 신장은 상하이에 비해 경쟁 회사가 적었다. 따
라서 신장으로 파견나간 직원은 상하이의 직원보다 훨씬 많은 제
품을 팔았다. 이에 따라 판매실적만으로 업무를 평가하면 공정하지
않다는 것을 인식했던 것이다. 또한 이러한 불공정한 연봉체계는

직원들의 의욕을 꺾을 수밖에 없었다. 이런 문제를 해결하기 위해 화웨이는 공개입찰 방식으로 외부 컨설팅을 의뢰했고, 마침내 Hay Group[2]의 전문 컨설팅을 받아 이를 해결하였다.

Hay Group은 직업능력 보수체계를 화웨이에 들여왔다. 이 체계는 각각의 서로 다른 포지션의 가치를 강조하였다. 그들은 직무를 초월하여 직원을 지식, 문제해결능력, 책임범위의 3가지 기준으로 평가하였다. 이러한 평가 시스템으로 각 직위의 난이도가 계산되었다. 따라서 이론적으로는 서로 다른 직위라고 할지라도 같은 난이도라면 같은 보수를 받는 것이다. 보수의 기준이 직원의 이력, 나이, 학력 등과 관련이 없고 일의 난이도와 책임범위 등과 관련이 있는 것이다. 이러한 보수체계는 화웨이의 이념에도 부합하는 것이었다.

도덕경 60장에 보면 '치대국 약팽소선(治大國 若烹小鮮)'이라는 말이 있다. 이는 '큰 나라를 다스리려면 작은 생선을 굽는 것처럼 해야 한다'는 말이다. 조그만 생선은 불을 세게 하면 겉은 타고 속은 익지 않는다. 조직을 이끌어나갈 때도 직원들을 다그치는 것이 아니라 그들의 능력을 십분 발휘할 수 있는 시스템을 만들어줘야 한다.[3] 그것이 유능한 리더이다. 이것이 노자의 무위 철학의 핵심이었다. 런정페이 회장은 기업의 이윤만을 좇는 것이 아닌 철학을 담고 조직을 이끌어 나갈 줄 아는 리더였다.

(3) 전략적 인적자원관리(1997~2005)

1) 신입사원 시스템 정립

1997년 말, 화웨이는 처음으로 대규모 채용을 진행하였다. 이

---

2) 인사조직 컨설팅회사. 현재는 Korn Ferry Hay group.
3) 박재희, "경영전쟁 시대 손자와 만나다."서울, 크레듀, 2010 p.33.

때 약 800명의 직원을 채용하였는데 대부분 연구개발분야로 채용하였다. 신입 직원의 평균 학력은 기존의 직원보다 높았고, 신입사원들은 화웨이를 그들의 방식으로 바꾸고 싶다는 각오로 가득 차 있어 이들을 관리하는 것은 매우 어려웠다.

또한 한꺼번에 많은 직원을 채용하다보니 배치를 공정하고 적절하게 하는 것도 중요해졌다. 화웨이는 지원자들을 심사할 전문적인 테스트를 진행하여 지원자들을 평가하였다. 초기에는 연구개발에 지원한 직원을 위하여 특별히 이 테스트를 만들었다. 해당 테스트는 사고력, 협동심, 학습능력, 창의력, 의연함(坚毅品质), 능력에 대한 갈망 등 6가지 능력을 측정하였다. 이러한 개인소질 테스트모형은 연구개발부문에서 큰 성공을 이루었다. 신입직원의 이직률이 매우 낮았을 뿐만 아니라 모든 부서의 채용 효율도 높아졌다. 따라서 화웨이는 이 테스트 양식을 판매부서에도 적용하였으며 이후에는 전 회사에서 사용하게 되었다.

화웨이는 또한 도제제도를 실시하였다. 화웨이의 도제제도는 경험과 지식이 풍부한 선배직원이 신입직원에게 화웨이의 문화 등을 직접 가르쳐주어 업무 환경에 빠르게 적응할 수 있도록 돕는 것이었다. 경력 직원들은 화웨이 조직문화의 핵심을 신입에게 알려주고, 회사동료도 소개해주었다. 신입직원이 어려움을 겪을 때에는 주변 직원들에게 직접 물어 해결할 수 있었다. 처음 도제제도를 실시한 연구개발부서에서 성공적으로 정착시켰고, 화웨이는 이 제도를 전 회사에 적용하여 이를 평가항목에 넣게 되었다. 이후 기존의 직원들에게 더욱 높은 역량이 요구되었고, 이러한 선배역할을 성공적으로 해내야 순조롭게 승진이 되었다.

2) 승진체계 확립

이 당시 화웨이의 승진체계는 명확히 정립되지 않았다. 평직원에서 중간관리자, 고위층으로 어떻게 승진하는지는, 화웨이에서 매우 중요한 이슈였다. 1997년 전에는 화웨이는 주로 2가지 경로로 직원을 승진시켰다. 첫째, 관리자가 직원을 직접 승진시키는 것이다. 이러한 방식의 문제는 원칙이 없어 다른 직원들의 원성을 들을 수 있고, 파벌주의 색채가 강하다는 점이었다. 또한 이러한 진급체계는 지도자로서 모든 직원을 세세히 알 수는 없기에 유능한 직원을 모르고 지나칠 수 있다. 둘째, 기여도에 의한 승진이다. 이러한 승진방식은 직원의 화웨이에 대한 공헌을 근거로 했다. 특히 판매실적과 연구개발 영역은 실적이 명확하여 이러한 방식을 적용하기 좋았다.

화웨이는 점차 효율적인 승진시스템이 필요하였다. 이에 따라 1998년 화웨이는 영국의 국가직업 자격체계(NVQ)를 들여와 간부 선발제도를 만들었다. 영국 국가직업 자격체계는 초기에 영국 노동부와 영국 런던상공회의 프로젝트였다. 1995~1997년 2년 동안 화웨이는 직원 수가 800명에서 5,600명으로, 연매출은 15억 위안에서 41억 위안으로 증가하였다. 화웨이는 NVQ시스템을 도입하여 인력관리와 직원교육 플랫폼의 기초를 세웠다.

런정페이는 NVQ 시스템과 Hay Group의 시스템을 융합하여 새로운 시스템을 만들었다. 그는 이 두 가지 모델의 결합이 내부 직원들의 교육과 간부 선발에 도움이 될 것이라 판단하였다. 1998~2000년 화웨이는 이 두 시스템을 회사의 전 부서에 적용하기 시작하였다.

승진의 자격을 심사하기 위해서 화웨이는 자격심사부서를 새로 만들었다. 이 부서는 회사 내 각 직급의 배치와 그 자격인증을 행하는 부서이다. 동시에 이 부서에는 6개의 교육센터가 있어 교육을 통해 직원들의 직무 발전에 많은 지원을 하였다. 화웨이는 직능보수체계와 NVQ시스템 교육체계로 직원들의 업무능력을 향상시킬 수 있었다.

3) 순환배치와 도태제도

기업설립 초기에, 모든 관리자들은 통상적으로 여러 직책과 직무를 겸하였다. 그러나 화웨이가 성장함에 따라 직급이 많아지고 직원들이 점점 하나의 업무를 전문적으로 하는 것이 중요해졌다. 직원들에게 업무동기를 불어넣어주고 장기적인 업무능력 향상을 위해 화웨이는 기존의 인력자원관리시스템에 순환배치와 도태제도를 도입하였다.

순환배치와 도태제도는 직원들을 효율적으로 훈련 및 근무시키는 좋은 수단이 되었다. 순환배치를 통해 직원은 회사의 업무를 포괄적으로 파악하게 되고, 자신에게 맞는 포지션이 무엇인지 알 수 있었다. 또한 순환배치와 도태제도는 직원이 한 곳에 머물러 있지 않기 때문에 파벌주의를 막는 효과도 있었다.

화웨이는 순환배치제도와 함께 도태제도를 실시하여 하위 5~10%를 강등시켰다. 이는 화웨이 직원들의 업무능력을 효율적으로 발전시켰고 중국의 다른 기업보다 생산성을 훨씬 향상시켰다. 특히 생산성 면에서는 국유기업의 평균을 웃돌았다.

2004년까지 화웨이는 인적자원관리 시스템을 어느 정도 완성시켜나갔고, 직원들을 점점 효율적으로 관리하였다. 시스템화하여 직원을 채용 및 승진시키고 순환배치하며 잉여인력은 도태시키고 합리적으로 이윤을 분배하였다. 이에 따라 2004년 매출액이 462억 위안에 달했고 직원은 3만 명을 넘었다.

4) 경영관리팀(EMT)과 순환 CEO 시스템

화웨이는 당시 인적자원관리에서 장기적인 전략이 부재하였다. 그뿐 아니라 화웨이는 고위관리자의 선발도 시스템화 되어있지 않았다. 경영관리팀의 설립과 고위관리자의 선발 프로세스 정규화는 화웨이 시스템발전에 한 획을 그었다. 런정페이 회장은 민주적인 결정을 내리는 CEO팀을 원했다. 그는 계속 경영관리팀의 회장을 맡고 싶은 생각이 없었다.

그는 회사내부에 순환 CEO 제도를 제안하였다. 이는 경영관리팀에 소속된 8개 부서의 8명의 장이 돌아가며 6개월씩 CEO를 맡는 것이다. 경영관리팀의 주석(리더)은 바로 회사의 CEO이다. CEO는 주로 회사의 전반적인 운영과 경영관리팀의 회의를 맡는다. 경영관리팀의 순환 CEO제도는 팀의 8명 임원들의 능력을 키울 뿐 아니라 그들의 출신부서에 따라 다양한 역량을 펼칠 수 있는 장을 만들었다.

런정페이는 이 제도를 통해 8명의 팀원에게 자신의 임기동안 자기 부서 이익만을 위해 일하면 안 되고 모든 부서의 이익을 극대화해야 한다고 말하였다. 그렇지 않으면 경영관리팀의 다른 구성원이 리더가 되었을 때 자기 부서도 회사의 지원을 못 받을 것이라고 엄포하였다. 이러한 경영관리팀의 독특한 협력운영방식으로, 화웨이의 모든 중대한 결정은 경영관리팀 구성원들의 검증을 받도록 만들었다. 다른 회사는 보통 한 사람이 CEO를 맡는 것에 비하여, 런정페이와 화웨이 경영진은 순환 CEO제도가 권력의 집중화와 그에 따른 부작용을 감소시킨다고 믿었다. 2011년 화웨이는 이러한 제도를 발전시켜 8명에서 3명으로 순환 CEO로 압축하였다.

여기에 대해 중국의 역사와 제도를 알 필요가 있다. 화웨이의 순환 CEO제도는 다른 기업에서는 찾아볼 수 없는 매우 독특한 제도이다. 하지만 중국의 역사와 제도를 알면, 어느 정도 이해할 수 있다. 원래 런정페이는 군대에서 오랫동안 일했던 인물이다.

우리가 잘 아는 덩샤오핑(鄧小平)도 원래는 국공내전과 항일전쟁에서 상당한 수훈을 세웠던 인물이고, 중국의 군사위원회 주석으로 있으면서 중국을 이끌었다. 대약진운동과 문화대혁명을 거치면서 덩샤오핑은 1인 독재와 장기집권은 위험하다고 생각했다. 그래서 권력을 분산시키며 국가주석도 10년으로 권력기간을 정해놓았고 격대지정(隔代指定)으로 차차기 최고지도자를 선출하게 하였다. 이른바 집단지도체제인데, 런정페이는 아마도 이런 중국의 역사와 제도를 반영해서 순환 CEO제도를 만든 듯하다. 덩샤오핑은 군사위원회 주석이었지만, 국가주석과 총리는 항상 덩샤오핑의 언행에 주의하며 국가를 운영했었고, 덩샤오핑이 언론에 모습을 나타내는 경우는 많지 않았다. 이러한 덩샤오핑의 모습에서 현재 런정페이의 기업운영 스타일과 철학을 볼 수 있다. 즉, 중국은 화웨이, 덩샤오핑은 런정페이, 국가주석과 총리 등은 순환 CEO, 국가운영은 화웨이 기업운영과 비슷한 대칭관계에 있다고 할 수 있다. 남순강화를 제외하고는 덩샤오핑이 직접 모습을 나타내는 경우는 많지 않았는데, 화웨이 역시 미중무역전쟁 시기를 제외하고는 런정페이가 직접 모습을 나타내는 경우는 많지 않았다.

5) 화웨이 대학 설립

2005년 화웨이는 다시 한 번 Hay Group의 도움을 받아 새로운 리더십 교육프로젝트를 만들었다. Hay Group은 화웨이를 도와 리더십 교육, 리더십 개발 등 리더십 발전모델을 만들었다. 또한 같은 해에 화웨이 대학을 만들었다. 화웨이가 자신의 대학을 만든 것은 새로운 것은 아니었다. GE는 1856년 세계 최초로 기업내 대학을 만들었다. 1993년 모토로라(Motorola, Inc)도 기업대학을 설립하여 직원을 교육시켰다. 따라서 화웨이가 자신의 대학을 만든 것은 새로운 일은 아니었지만 화웨이는 전통적인 직원 훈련모델에 화웨이만의 새로운 색채를 가미하는 시도를 하였다.

런정페이는 초기에 두 가지 생각으로 대학을 만들었다. 첫 번째는 대학을 막 졸업한 신입들을 위한 훈련이다. 런정페이는 중국의 대학이 이론적인 지식은 잘 가르쳐주지만 기업에서 필요한 실무는 제대로 가르치지 못한다고 생각하였다. 따라서 화웨이 대학은 직원들에게 중국의 대학에서 가르치지 못한 실무교육을 보완해주었다. 두 번째는 이러한 대학 플랫폼으로 화웨이의 우수한 경영시스템이 다른 기업과 미디어에 홍보되기 원하였다.

화웨이 대학에서는 우수한 능력의 교수를 채용해왔다. 화웨이 대학에는 약 1,700명의 교수가 있는데 그 중 약 1,500명은 화웨이 업무현장의 전문가들이 화웨이 대학 내 교수로 겸직하고 있다. 전직으로 강의만 하는 교수는 소수에 불과하다. 따라서 사원들은 화웨이 대학에서 실무와 이론을 더욱 생생하게 접할 수 있다. 화웨이 대학은 평균적으로 매년 약 2만 명의 직원을 교육시키고 있다.

화웨이 대학은 이론공부와 더불어 케이스 스터디를 중시한다. 런정페이는 화웨이 대학이 사용하는 교재에 화웨이나 다른 회사에서 실제로 발생한 케이스를 실으라고 요구하였고, 단기적인 교육훈련을 강조하였다. 그는 '1~2달이면 교육은 충분하고 이를 전장(戰場: 업무현장)에서 사용해야 한다'고 말하였다. 그 후에 일부 교수님들과 인연을 맺고 온라인으로 공부하며 인터넷에서 교류할 것을 권장했다.

손자병법에서는 말하는 제일 훌륭한 장군은 '지장(智將)'이다. 실력 있는 장군의 모습은 병사들로 하여금 신뢰를 갖게 만든다. 여기에서의 실력은 병법이나 지식이 아닌 현장을 읽어내는 능력이다.[4] 런정페이 회장은 지식만이 중요한 것이 아니고 현장에서의 실무 지식이 중요하다고 늘 강조하였다. 런정페이는 다년간의 경험으로 인해 현장에서의 안목이 가장 필요한 실력임을 깨달았고 기업 대학을 설립하면서 그 교육 가치관을 실현시켰다.

화웨이 대학의 건립은 화웨이 인적자원관리체계 발전에 매우 중요한 이정표이다. 이는 화웨이가 이미 회사 내부 직원에 교육훈련을 제공할 여유가 생겼음을 의미하였다. 또한 이론만 가르치는 대학이 아닌 실무에 방점을 찍은 실무강조형 대학이 되어 직원들을 업무적으로 교육시킬 수 있는 공간이 되었다.

6) 고강도 가상주식 인센티브제도

이 당시 화웨이가 당면한 문제는 막대한 자금 수요와 직원들의 장기적인 동기부여의 문제였다. 2000년대 초 인터넷 경제위기가 발생했고, 이때 중국 인민은행에서 대출을 제한하여 민영기업(사기업)의 대출은 더욱 어려워졌다. 당시 화웨이는 국제시장에서 통신장비 주문을 대량 수주했고, 적극적으로 국제시장 개척에 나서는 전략을 채택하여 자금 확보가 무엇보다 중요했다.

이와 함께 2003년 이후 중국의 사스(SARS)로 인해 수출 업무에 큰 타격을 입었고, 당시 통신업계의 거물이었던 시스코에 미국 텍사스주에서 특허문제로 소송을 당하기도 하는 등, 심각한 위기를 겪었다. 이에 따라 화웨이의 미래를 비관적으로 보는 중상층 관리

----

4) 박재희, "경영전쟁 시대 손자와 만나다." 서울, 크레듀, 2010, p.54.

기술자들이 늘었고, 핵심 직원들이 화웨이를 떠나 화웨이의 경쟁사로 옮기기도 하였다.

이러한 문제점을 돌파하고자 화웨이는 고강도 가상주식 인센티브 제도(高强度配额虛拟股票)를 시작하였다. 이 인센티브 제도 하에서 화웨이의 가상 주식을 수여받은 종업원은 가상주식 증자권과 배당권을 받지만 주총에서는 의결권이 없고 소유권이 없어 회사를 떠나면 화웨이 가상주식을 계속 보유할 수 없었다. 주식의 배당 형태로 인센티브가 나가지만 일반 주식이 갖고 있는 권리는 없는 셈이다. 또한 옵션으로 옛 직원들의 기존 실물 주식을 조금씩 바꿔주는 조치를 취하여 기존의 주식들을 사실상 회수하였다. 실물 주식의 고정 배당이 스톡옵션의 주당 순자산 증가치의 배당으로 전환되었다. 가상주식제도 실시로 런정페이(任正非)는 화웨이의 유일한 대주주가 되었고, 나아가 화웨이가 대규모의 가상주식 인센티브를 실시할 수 있는 발판을 마련했다.

가상주식 동기부여 방안이 시행된 지 1년 만에 화웨이의 영업이익은 17% 증가하였고, 화웨이의 순이익은 50% 증가했다. 배당 펀드는 기업의 세후 순이익에서 비롯된 것으로 화웨이의 실물 지분이 가상주식으로 전환되면서 생산성을 크게 높였다.

(4) 국제화 인적자원 관리(2006~2010)

1) 문화 융합

화웨이는 점점 세계 시장으로 눈을 돌리기 시작하였다. 1996년 화웨이는 국제시장부서를 설립하였고 1999년 처음으로 해외에 연구센터를 설립하였으며 2005년엔 해외시장의 판매액이 처음으로 중국내 판매액을 넘어섰다. 이렇게 화웨이의 국제화가 진행됨에 따라 점점 많은 운영과 관리 문제에 부딪혔다. 그 중 하나는 다문화

관리였다.

예를 들어 화웨이가 1999년 처음 사우디아라비아에 진출할 때 2명의 직원밖에 없었지만 2005년 사우디아라비아 사무소의 직원은 300명을 넘었다. 사우디아라비아는 이슬람 국가이기에 모든 직원이 하루에 다섯 번 기도하고, 매일 일정한 시간에 예배를 드리러 간다. 이것은 문화 융합의 문제였다. 이는 근무시간과 충돌을 일으켰는데 이러한 문제는 화웨이의 사우디아라비아 사무실에서만 일어난 것이 아니라 여러 국가에서 일어났다. 따라서 화웨이는 국제화를 고려해, 당시 서로 다른 국가의 문화와 다양성을 존중하였다. 화웨이는 외국 직원에게 기업의 핵심 가치관을 가르침과 동시에 문화 융합을 통해 균형점을 찾아 나갔다.

2) 언어 차이 극복

국제화 과정 중 맞닥뜨린 큰 장벽 중 하나는 언어였다. 교류와 소통은 기업의 일상 업무에서 가장 기본적인데 언어 차이로 인해 업무가 비효율적이었다. 당시 해외 대표사무소의 소장은 모두 중국인이었고 부소장은 60% 이상이 현지인이었다. 소통에 어려움이 생기면 현지 직원은 부소장에게 보고를 하였고 소장과는 교류를 하지 않았다. 반대로 중국 주재원들은 소장하고만 소통하였다. 이것은 의도치 않게 조직을 두 파별로 나누게 하였다.

이러한 현상은 본사에도 큰 영향을 주었다. 당시 해외 직원이 본사에 이메일을 보내면 며칠 후에야 답장을 받을 수 있었다. 본사에 외국어 이메일이 오면 전문 번역팀을 거쳐서 본사직원이 받아보고 그 답장 또한 전문 번역팀을 거쳐서 보내지기 때문이다. 이런 상황에서 직원들 간의 소통, 본사와 해외 직원간의 소통은 적시에 이루어지기 어려웠다.

그 외에도 외국 직원의 진급체계에도 문제가 있었다. 왜냐하면 현지에서 일정 직급 이상으로 올라간 이후부터는 본사와 교류를 해야 하기 때문이었다. 화웨이 해외사무소의 소장이 모두 중국인인 것도 외국인 직원들이 진급하기 어려운 이유 중 하나였다. 이는 외국 직원들의 업무능력발휘와 동기부여를 제한하였다. 국제화의 성공을 위해 화웨이는 이 문제를 꼭 해결해야 했다.

이에 따라 화웨이는 두 가지 조치를 취하였다. 하나는 본사의 직원평가방식을 개혁하는 것이다. 화웨이는 직원들의 언어능력을 키우기 위해 외국어를 공부하도록 장려하고 TOEIC, TOEFL, IELTS 등의 외국어시험 기준으로 평가를 실시하였다. 또한 현지 직원이 화웨이의 문화를 받아들이도록 하였다. 먼저 해외의 우수한 직원들이 중국 본사로 와서 화웨이의 기업문화를 배우고 중국어교육을 받았다. 이러한 노력은 외국직원이 화웨이의 문화를 더욱 잘 받아들일 수 있게 해주었다. 우수한 직원들이 화웨이의 문화를 받아들이고 그들이 본국으로 돌아가 다른 직원들에게도 이러한 정서를 전파하였다. 다방면의 노력을 통해 화웨이는 해외 현지사무소에서 현지 인력과 융합해 갔다. 이는 현지 인력과 회사가 융합하는 문제여서 화웨이가 글로벌한 회사로 나아가기 위한 필수 관문이었다.

3) 대규모 사직을 통한 인력 재정비

중국정부는 2008년 1월 노동계약법[5)]을 공포하였다. 노동계약

....

5) 노동계약법은 지난 2007년 6월 29일 10기 전국인민대표대회 상무위원회 제
28차 회의에서 통과되어 2008년 1월 1일부터 시행되었다. 주요 내용으로는
장기고용 촉진, 해고요건 강화, 노동조합 권한 확대 등이 추진되었다.
중국은 1978년 개혁 개방 이후 노동자보다는 기업 입장에서 노동정책을 펴
왔다. 1980년대 초 헌법개정을 통해 노동 3권 중 단결권과 단체교섭권은 놔
두고 단체행동권을 삭제한 게 대표적이다. 외자기업에 노사 문제가 발생해도
지방정부는 기업 편에 서는 게 다반사였다. 2008년 8월 개최된 베이징올림

법상 노동자를 보호하기 위해 기업이 10년 이상 일한 노동자를 해고하지 못하도록 하였다. 화웨이의 관리층은 새로운 노동법이 화웨이의 노동 유연성을 해칠까 걱정하였다. 고위 임원들은 이를 해결하기 위해 '집단 사직'이라는 카드를 내놓았다. 8년 이상 일한 7,000여 명의 직원들이 모두 2007년에 사직서를 내었다. 이들은 화웨이와 다시 새로운 계약을 맺든지 보상금을 받고 사직을 하든지 선택할 수 있었다.

그 외에도 화웨이는 이 기회를 이용하여 새로 계약하는 직원들의 사원번호를 조정하였다. 이전에 화웨이는 회사에 들어온 순서대로 사원번호를 부여받았다(군대같은 직원관리방식이라 할 수 있다). 사원번호가 낮을수록 화웨이에서 근무한 기간이 긴 사람이며, 그들은 대부분 직위도 높았다. 새로 계약을 체결한 후 각 직원들은 모두 사원번호를 랜덤으로 받았다. 이렇게 그들의 직위를 사원번호로 추측하지 못하도록 하였다. 이는 경력보다는 능력을 중시하는 화웨이의 가치관이 담겨져 있는 변화였다. 집단 사직을 갖고 외부에서는 비판적인 의견도 있었다. 그러나 화웨이는 이렇게 실시함으로써 유능한 직원들에게 더 많은 기회를 줄 수 있다고 믿었다.

4) 주식 할당량 상한 한도

2008년 세계 금융위기의 발발로 인해 전 세계의 많은 기업들이 대규모 감원을 시작하게 되었고, 이에 동요되어 경력 3년 이상의 직원들이 일에 대한 의욕이 저하되었다. 화웨이의 가상 주식제도 변경은 주로 경력이 높은 직원들의 애사심을 높이고 신규 인력

픽을 앞두고 인권 강화를 주문하는 서방에 대한 중국 당국의 대응 성격이 강했다. 출처: http://news.chosun.com/site/data/html_dir/2016/02/23/2016022303062.html

을 유치하기 위한 것이었다. 화웨이는 회사 분위기를 안정시키고, 인재를 충원해 회사의 활력을 북돋워야 했다.

포화제 가상주식 인센티브(饱和制虚拟股票)는 이러한 분위기 속에서 나온 인센티브 제도이다. 화웨이가 기존에 실시한 가상주식 인센티브에서 주식 할당량 상한 한도를 두었는데, 직급에 따라 차등 상한선을 두며, 종업원의 기존 주식이 회사가 설정한 상한선에 도달하면 해당 종업원은 더 이상 해당 주식을 매수할 수 없도록 했다. 이 당시 가상주식의 할당량은 가상 총 쿼터가 약 16억 위안에 이를 정도로 매우 컸고, 분배 대상은 화웨이의 입사한지 1년 이상 된 모든 임직원이었다. 이로 인해 입사한지 얼마 안 된 직원들이 가져가는 액수는 적지 않았다.

또한 당시 대다수의 경력사원은 가상주식이 상한선에 달했기 때문에 배당을 받지 못했다. 그러나 경력사원의 지분 격려 금리는 연 6%였고, 같은 기간 은행의 정기예금 금리는 연 4%였다. 따라서 더 높은 지분 금리로 인해 대다수 기존 직원들의 불만도 크지 않았다.

이와 같이 화웨이의 포화제 가상주식 인센티브 제도는 주로 입사한지 1년이 넘은 사원을 중심으로 이뤄졌지만 경력 있는 직원들도 금리로 인해 수익을 낼 수 있었다. 경력사원의 인센티브를 안정시키는 기초 하에 신입사원을 대거 유치하여 자질 있는 인재를 충원하고, 일반 사원과 신입 사원의 이익을 균형 있게 하였다.

(5) 5단계 직원 관리(2010~2016)

2010년, 화웨이는 이미 통신산업기술을 이끄는 선도기업 중 하나가 되었다. 연 매출액이 1,825억 위안이고 직원은 11만 명이 넘었다. 이러한 상황에서 우수한 직원들이 맡은 역할의 무게가 너무 컸다. 이제 화웨이는 소수의 리더가 끌고 가는 기업이 아니기 때문에 인적자원관리 체계는 더욱 시스템적인 변화가 필요하였다.

1) 순환 CEO제도의 확립

첫 번째 중요한 변화는 CEO의 직위이다. 화웨이 내부에서는 창업자인 런정페이의 영향력이 클 수밖에 없었다. 그의 영향력 때문에 외부에서는 그의 자리를 이어받을 후계자를 놓고 의견이 분분하였다. 앞 장에서 언급했듯이 런정페이 회장은 회장직에서 내려오고 순환CEO제도를 제시하였다. 화웨이의 순환 CEO는 2004년에 순환 COO(Chief Operating officer) 제도에 연장선에 있는 제도이다. 이는 처음엔 Mercer사의 컨설팅 제안으로 시작하여 8년간 시험으로 시행을 하였고, 2011년에 정식으로 확립이 되었다.

순환 CEO 제도란 몇 명의 이사들이 일정한 기간 동안 돌아가며 CEO를 맡는 제도이다. 이는 CEO들이 반년에 한 번씩 돌아가면서 회사를 운영하므로 권력이 분산되는 효과가 나타난다. 화웨이는 2012년부터 순환 CEO가 경영권을 갖고 직접 경영을 하고 있다. 런정페이(任正非) 회장이 가진 권리는 '부결권'밖에 없다. 그 '부결권'도 아직 한 번도 안 쓴 만큼 쉽게 쓰지 않을 것이라고 밝혔다. 이런 제도는 중국뿐만 아니라 전 세계 기업 중에서도 매우 독특한 제도이다. 화웨이가 순환 CEO제도를 설립한 이유는 한 명의 능력은 유한하기 때문이다. 한 명이 장기적으로 기업 운영을 맡으면 기업의 미래를 계획하기도 어렵고, CEO 자신의 삶에 충실하기도 힘들다.

자신의 임기가 아닐 때에도 순환 CEO 집단의 핵심 구성원은 기업의 일상적인 정책결정 과정에 참여한다. 화웨이의 순환 CEO

는 하나의 집단임과 동시에고 화이부동(和而不同)[6]하므로 기업환경의 변화에 신속한 대응이 가능하다. 또한 런정페이(任正非)는 순환 CEO 제도가 인재의 이탈을 막는다고 생각하였다. 임기가 끝나도 CEO를 완전히 물러나는 것이 아니기 때문에 그 부하직원들 또한 CEO가 변함에 따라 인력이 바뀔 걱정을 하지 않아도 된다.

화웨이는 2004년 순환 CEO 제도를 도입하기로 결정하고 우선 8명의 경영관리팀(EMT: Executive Management Team)이 의장을 번갈아 맡는 제도를 운영해왔다. 그 후 2순환이 돌아간 8년 후인 2012년부터는 6개월 임기의 3명의 CEO 순환제로 확대 개편했다. 이러한 순환 제도는 회사에 균형 있는 성장을 가져다주었다. CEO들의 반년 임기가 끝나도 핵심 권력에서 벗어나는 것이 아니었고, 업무의 결정이나 인사권도 모두 갖고 있었다.

순환 CEO제도는 권력의 분산화이지 책임을 떠맡기는 것이 아니다. 따라서 임기가 아닌 기간에는 공부하고 준비를 해야 하고 책임도 똑같이 있는 기간이다. 화웨이의 순환 CEO제도는 다수의 CEO가 정책을 이중으로 점검하여 실수를 막기 위하여 설립된 제도였다. CEO가 한 명이면 그 한 명에 회사의 명운이 담겨 있기에 리스크가 클 수 있으나, CEO를 다수로 하여 이러한 리스크를 또한 분산하였다. 이는 중국공산당의 집단지도체제와 비슷하다. 이 8년간 화웨이는 대량의 팀장급 이상의 관리자를 양성해낼 수 있었다.

2020년 현재는 후허우쿤(胡厚崑), 궈핑(郭平), 쉬즈쥔(徐直军)의 3명의 부회장이 경영을 책임지고 있다. 세 명의 CEO 중 한 명은 재무를, 나머지 두 명은 위기·비상 상황에 대한 관리를 맡는다. 이

---

6) 남과 어울리면서도 (맹종하지 않고) 자기 입장을 지키다; 중국에서 자주 사용하는 표현이다.

두 명은 EMT 일원으로 의사결정에도 참여한다. 6개월간의 CEO 임기를 마치면 다시 EMT의 일원으로 돌아간다. 상황에 따라 유동적으로 임기가 연장되는 경우도 있다.

2) 현재 순환 CEO 소개

① 궈핑(郭平)[7]

1966년생으로 화중이공대학(华中理工大学) 컴퓨터 공학과 학사를 1986년에 석사를 1989년에 졸업하였다. 1988년에 화웨이에 입사하였다. 과거에 상품개발부 프로젝트 사장, 공급사슬(Supply chain)부문 사장, 총재주임, 수석법무관, IT관리부서 총재, 기업발전부서 총재, 계열사 사장을 역임하였다.

▲ 궈핑(郭平)

2018년 3월 23일에는 직원대표회의 선거로 화웨이 주식투자 유한공사 부회장, 이사회 구성원으로 당선되었다. 현재는 화웨이 상무부 총재와 부회장, 이사, 순환CEO, 재경위원회 주임, 지멘스와 화웨이가 합작하여 세운 정교통신기술유한회사(鼎桥通信技术有限公司) 회장으로 재임하고 있다.

② 후허우쿤(胡厚崑)[8]

1968년생으로 화중이공대학(华中理工大学) 학사 출신으로 1990년에 화웨이에 입사하였다. 중국시장부서 총재, 라틴아메리카 부총재, 글로

▲ 후허우쿤(胡厚崑)

7) https://baike.baidu.com/item/%E9%83%AD%E5%B9%B3/9344985?fr=aladdin

8) https://baike.baidu.com/item/%E8%83%A1%E5%8E%9A%E5%B4%91/1994 2795?fr=aladdin

벌 마케팅부서 총재, 마케팅서비스부서 총재, 전략마케팅부서 총재, 글로벌 인터넷 보안과 사용자 보안위원회 주석(主席), 미국 화웨이 CEO를 역임하고 현재는 부회장, 순환 CEO자리에 재임하고 있다.

③ 쉬즈쥔(徐直軍)⁹⁾

1967년생으로 난징이공대학(南京理工大学) 박사를 졸업하였다. 1993년에 입사하여 무선상품부서 총재, 전략마케팅부서 총재, 상품해결방안부서 총재, 상품투자심사위원회 주임 등을 역임했고, 현재는 화웨이 부회장, 이사회 이사, 순환CEO, 전략발전위원회 주임 등을 맡고 있다. 2018년 3월 23일에 직원대표회의 선거로 화웨이 주식투자 유한공사 부회장, 이사회 구성원으로 당선되었다.

▲ 쉬즈쥔(徐直軍)

3) 기초 연구 투자 증가

두 번째 중요한 변화는 화웨이의 전략적 목표가 변하면서 생긴 것이다. 화웨이는 기초 연구하는 직원들을 더욱 많이 고용하여 세계 유수 기업들의 연구개발 능력을 좇아가고자 하였다. 화웨이는 전 세계에 연구센터를 많이 설립하고 저명한 과학자와 엔지니어들을 초청하여 선진연구를 하도록 하였다.

2013년 말 화웨이는 세계적으로 16개의 연구 센터를 설립하였다. 이외에도 연구원들이 기업내부나 외부의 연구자들과 협력하고 소통하는 것을 장려하였다. 2014년부터 런정페이는 연구원들이 서로 많이 만나고 교류하기를 장려하였다. 런정페이는 저명한 17

----

9) https://baike.baidu.com/item/%E5%BE%90%E7%9B%B4%E5%86%9B

명의 학자들을 고용하여 매년 그들에게 학술대회나 세계 명문대학 세미나에 참여하여 선진기술을 배우게 하였다. 또한 그들에게 회사 내에서도 세미나를 열게 하여 세계 최신기술과 이론을 기업 내부의 직원들에게 전달하는 역할을 하도록 하였다.

4) '시간단위계획(Time Unit Plan)' 가상 주식인센티브 제도

화웨이는 1990년대부터 직원들에게 주식을 보유하는 정책을 시행하였다. 그러나 중국의 법률 규정상 외국인은 중국 주식을 갖지 못하였다. 또한 이미 퇴직한 화웨이 직원들도 화웨이 주식을 계속 갖고 있어 그 혜택을 누리는 경우가 생겼다. 이러한 문제를 해결하기 위하여 2014년부터 화웨이는 '시간단위계획(Time Unit Plan)'이라는 제도를 도입하였다. TUP는 외국 직원들에게도 실적에 기반한 인센티브를 줄 수 있는 제도이다. TUP는 직원의 직급, 실적에 의거해서 매년 직원들에게 일정량의 선물 옵션을 준다.

TUP(Time Unit Plan)의 가상주식 인센티브제도는 주식이 아닌 옵션이므로 화웨이 직원은 가상주식을 살 필요가 없으며, 회사는 종업원성과평가 체계에 따라 5년 기한의 일정량의 가상주식 옵션을 직원들에게 부여하며, 이 옵션은 배당만을 지급한다. TUP는 직원들에게 장기적으로 이익을 분배한다는 장점이 있다. 또한 외국 직원들에게도 똑같이 분배할 수 있게 되었다. 또한 화웨이 주식을 갖고 있는 이미 퇴직한 직원들이 계속 그 배당을 받지 못하게 하여 화웨이의 초과이윤이 현직에 있는 직원들에게 공정하게 분배되도록 하였다.

또한 이 시기는 화웨이 직원들의 가상주식 구입에 대한 자금 압박을 줄이고, 일반 사원들의 의욕을 다시 북돋워 준 시기이다. 이 당시에는 은행이 부채 축소로 대출을 쉽게 해주지 않았기 때문에 종업원들의 차입이 제한되었다. 이로 인해 화웨이의 많은 직원들은 회사의 가상주식을 계속 살 수 없게 되었다. 또 화웨이는 지속적으로 고도성장을 이루어 성과급과 배당의 한계효용이 감소하여 직원들이 인센티브를 월급의 일종으로 여겼다. 화웨이는 다년간의 고도성장으로 경력사원들에게 많은 수익을 안겨주었으며, 고위직 직원들은 배당을 충분히 받아 타성에 젖는 등 고위직 직원과 신입 직원들 간에도 세대갈등이 생겼다. 화웨이는 이에 대한 해결책으로 동태적 TUP(Time Unit Plan)의 가상주식 인센티브를 도입했다. 이는 성과평가에 따라 옵션이 지급되기 때문에 태만한 근로자에게 옵션이 많이 가는 것을 방지할 수 있으며, 대출받지 않아도 주식 옵션을 보유할 수 있어 상기의 문제들을 해결할 수 있었다.[10]

5) 잉여인력의 전략 예비팀 이용

화웨이는 오랜 기간에 걸쳐 인적자원관리 체계의 개혁과 전략수립에 공을 들였다. 기초적인 교육훈련 후 전략예비팀(战略预备队)의 직원들은 회사의 서로 다른 직무와 직위에서 필요한 기초 지식과 능력들을 갖추었다. 예를 들어 화웨이는 2,000명의 기술직 직원들을 2016년에 전략예비팀으로 보내어 그들에게 연구개발 이외의 활동에 종사하도록 하였다. 그들은 제품해결방안을 제공하거나 글로벌 기술서비스부서에서 배치받아 일하게 되었다. 기술을 이해하는 사람들이었기에 다른 부서에서도 시너지 효과를 낼 수 있었고 이는 인력배치의 효율성을 극대화시킬 수 있었다.

시장의 환경변화, 전략수정, 기술개혁 등의 여러 가지 요인으로 인해 일부 직원들은 이전의 직위나 직무를 잃기도 하였다. 예를

---

10) 任泽朋(2016), "华为公司虚拟股票激励案例研究", 华东交通大学 碩士学位论文

들어 서비스부서에 종사하던 직원이 인공지능이 발전하여 그를 대체할 수 있으면 그들의 일자리가 없어질 수 있다. 이러한 때 그들은 전략예비팀으로 들어간다. 이런 상황에서 전략예비팀은 회사 인력관리를 효율적으로 할 수 있도록 해준다. 직원들을 교육 훈련하여 그들을 다른 포지션으로 갈 수 있도록 도와주고, 또한 전략예비팀은 자리를 잃은 직원들을 보호해주는 역할을 한다.

런정페이는 전략예비팀 지도위원회의 주석(主席)을 맡았다. 전략예비팀의 범위는 연구개발부서뿐만 아니라 마케팅, 재무, 공급사슬부서 등 회사 전 부서에 해당한다. 전략예비팀은 주로 3가지 방법으로 들어올 수 있다. 첫째, 회사의 직원 실적 중 상위 25% 이내에 들어야 한다. 둘째, 시장의 불확실성이 강화됨으로 인해 어떤 국가의 업무는 어려워질 수 있다. 화웨이는 이런 국가의 직원들을 모두 전략예비팀으로 이전시켜 보호한다. 셋째, 업무전략의 새로운 조정으로 인해 어떤 제품라인이 정지되면 해당 제품라인의 연구개발 직원이 전략예비팀으로 올 수 있다.

전략 예비팀은 예산을 독립적으로 사용한다. 이 팀은 두 가지 수입원이 있다. 하나는 전략예비팀의 직원이 이후에 발령된 부서에서 활약을 하면 해당 부서 인센티브의 일정 부분을 전략예비팀에 준다. 두 번째로는 만약 어떤 사무소나 팀이 축소되어 직원들이 전략예비팀으로 가게 되면 해당 부서에 속했던 예산이 모두 전략 예비팀으로 가게 된다.

이와 같은 특별 부서의 활약으로 잉여 인력의 재배치가 가능해져 효율적인 인력 활용을 가능하게 만들었다. 전략예비팀의 성공적인 운영은 화웨이의 인적자원체계를 효율적으로 만드는 데 공헌하였다.

2. 화웨이의 다양한 리더십 관리

화웨이가 지금까지 발전하게 된 이유 중 큰 부분을 차지하는 것은 리더십과 조직 문화이다. 그 중 화웨이는 리더십을 매우 중요하게 생각하여 조직의 리더들에게 특별하게 학습시키고 관리한다. 화웨이의 리더십 모형은 영웅리더십, 역경의 리더십, 위기의식 리더십, 미래지향적, 균형적, 분배적, 자기관리에 철저한 리더십이다. 화웨이가 추구하는 리더십의 유형은 회사의 성장과정과도 밀접한 관계가 있다. 회사의 상황에 따라 리더에게 한 부분만 강조한 것이 아니라 여러 부분을 골고루 함양할 수 있도록 하였다. 구체적으로 살펴보면 다음과 같다.

(1) 영웅 리더십

1) 영웅이 완벽할 필요는 없다

화웨이에서 영웅이란 모든 것이 완벽한 사람이 아니다. 런정페이는 본인의 인생에 비춰 봤을 때 본인도 완벽하지 못했기 때문에 완벽보다는 자신의 장점을 발휘하는 것이 관건이라고 강조하였다. 런정페이는 그가 생각하기에 말을 잘 하지 못했다. 그렇지만 언변을 개선하는 데 자신의 에너지를 쏟는 것보다는, 그 시간에 자신이 잘 하는 것에 집중 투자하는 것이 더 효율적이라고 생각하였다.

사람들이 화웨이 본사 방문 시 공통적으로 느낀 점은 직원들이 솔직하고 진실하다는 것이다. 직원들이 화웨이의 부족한 점을 솔직하게 대면하고 있다. 아마도 이렇게 완벽하지 못한 면도 받아들이는 것은 화웨이 직원들이 회사와 자신을 있는 그대로 받아들이기 때문일 것이다. 부족한 가운데서 발전할 방향을 모색하고 진정한 목표를 찾는다. 런정페이는 그의 인생 중 끊임없이 자신을 성찰하였다. 이는 문화혁명 시절 끊임없이 행해지던 자아비판과도 분명 연관이 있을 것이다. 그 시대에는 타인에 의해 강요되던 자아비판이었지만 이젠 자신이 시행하는 자아비판이다. 끊임없이 자신을 채찍질하며 발전을 도모하였다.

　　런정페이는 성공의 관건은 자신의 장점을 충분히 발휘하는 것이지 완벽을 추구하는 것이 아니라고 생각하였다. 완벽을 추구하는 사람은 실수하기 쉽고 자신의 장점을 억제하기 쉽다. 그는 자신의 가장 주요한 장점은 논리성과 방향에 대한 이해력이라고 보았다. 이러한 장점은 말을 잘하는 것과는 멀었다. 따라서 그는 말을 잘하려는 노력을 포기하고 자신의 논리와 통찰력에 집중하였다. 이렇게 집중한 결과 화웨이의 발전전략과 연구개발전략에 많은 도움이 되었다. 자신의 단점에 신경쓰지 않고 장점을 발휘하여 현실적인 목표를 이루었다. 그러므로 런정페이는 화웨이의 인재등용에서도 이와 같은 원칙을 고수하였다. 삼성의 이건희, 텅쉰(텐센트)의 마화텅도 말이 적기로 유명하다. 그렇지만, 그들은 뛰어난 식견과 통찰력으로 기업을 잘 이끌어왔다.

2) 화웨이의 영웅은 집단이다

　　관리자의 영웅상 설정은 직원 교육에도 반영된다. 또한 화웨이의 발전과정에도 중대한 영향을 미친다. 런정페이가 한 말 중 '영웅'이란 단어는 143번 나왔다. 그의 연설 제목에서 '영웅'은 3번이나 등장했다. 중국이나 북한을 연구할 때, 담화 또는 매체에 단어가 몇 번 등장하는지가 상당히 중요하다. 단어의 반복은 강조한다는 의미와 같다. 런정페이는 영웅을 중요하게 생각한다고 볼 수 있다.

　　그렇다면 화웨이의 영웅은 누구인가? 이러한 영웅은 어떤 특징이 있을까? 런정페이가 보는 화웨이의 영웅은 화웨이를 전진하게 하는 소수의 경영진이 아닌 70% 이상의 우수한 직원들이다. 그들은 회사 경영진과의 상호작용을 통해 화웨이를 전진시킨다. 그들이 진정한 영웅이다. 화웨이의 기업문화는 소수의 독립적인 리더보다는 팀워크를 중시하고, 팔로워십(followership)에 중점을 둔다. 이러한 맥락에서 화웨이는 늑대를 숭배하는 조직문화를 가졌다. 늑대는 보통 무리를 지어 활동하기 때문이다. 화웨이의 기업문화에는 런정페이의 가치관이 반영된 듯하다. 영웅주의가 갖고 있는 특징은 노고와 원망을 두려워하지 않는다. 끊임없이 발전하며 인격을 갖추어 실수를 보완하고, 회사에 기여한다.

3) 화웨이의 영웅은 현실주의자다

런정페이의 영웅주의는 요원한 목표가 아니고, 현실과 이성이 결합하는 것이다. 화웨이가 세계적인 선도기업이 되지 않으면 결국엔 몰락할 수도 있다. 기업은 먼저 살아남아야 한다. 기업이 살아남아야 법인세를 국가에 납부할 수 있고 직원들에게 월급을 줄 수 있다. 런정페이는 직원들이 열심히 일하는 목적은 자신과 가정의 행복을 위해서이고, 직원들이 월급을 배우자 또는 부모에게 주어서 그들에게 애정을 표현한다고 생각하였다.

기원전 648년 초겨울 송나라와 초나라는 전쟁을 하였다. 송나라 제후 양공(襄公)은 초나라 군사의 수가 자신의 군사보다 훨씬 많다는 것을 알았다. 정식으로 싸운다면 질 것이 분명했기 때문에 공자 목이(目夷)는 기습 공격을 하자고 하였다. 하지만 양공은 기습 공격하는 것은 군자의 도가 아니고 싸움에 이긴다 한들 아무도 승리를 인정해주지 않을 것이라고 하였다. 명분과 실리 속에서 양공은 명분을 택하였고, 송나라 군대는 완전히 패배하였다. 하지만 양공의 예상과 달리 사람들은 양공을 자신의 명분을 위해서 병사들을 몰살시킨 지도자로 '송양지인(宋襄之仁)[11])'이라는 고사성어를 만들었다.[12]

런정페이는 리더의 소신은 조직의 생존을 기반으로 할 때 의미가 있음을 알고 있었다. 이 같은 '이성적인 이상주의'하에 런정페이는 목표는 현실적이어야 앞으로 순조롭게 나아갈 수 있다고 하였다. 그는 다음과 같이 말하였다.

> "우리는 현재를 뛰어넘어 미래의 결과를 봐야 한다. 우리는 오늘 능력이 있다. 하지만 오늘의 능력을 우리의 현실과 떨어뜨려서 생각하면 안 된다. 사회에 책임을 갖고 중화민족 부흥의 책임을 생각한다면 우리의 책임은 무거워진다. 하지만 우리의 목적은 간단하다. 막중한 책임을 지기는 어렵지만 화웨이는 조금이라도 전진할 것이고 그것이 승리이다. 현실에서 너무 요원한 목표를 가질 필요 없다."

(2) 역경과 위기의식 리더십

1) 창업자 런정페이의 성장과정

화웨이의 리더십 이상형은 런정페이의 인생과 떼어놓고 생각하기 어렵다. 런정페이의 성장과정은 중국의 현대사와도 밀접한 관련이 있다. 어릴 땐 밥을 수시로 굶었고, 그의 아버지는 경찰 조사를 받기도 하였다. 런정페이는 고등학교를 졸업한 이후에 1960년

....

11) 송(宋)나라 양공(襄公)의 인(仁). 쓸데없는 인정을 베풀거나 불필요한 동정이나 배려를 하는 어리석은 행동을 비유하는 말이다.
12) 박재희, "경영전쟁 시대 손자와 만나다." 서울, 크레듀, 2010. p.127.

대에 충칭 건설 기술연구소(현재의 충칭 대학)를 졸업했다. 그가 대학교 3학년 때 문화대혁명(文化大革命, Cultural Revolution)13)이 발생하였다. 이에 따라 동생들은 고등교육을 받지 못하였을 뿐 아니라 고등학교도 제대로 졸업을 못하였다.

런정페이의 아버지는 전문학교의 교장으로 일하다가 문화대혁명 시기에 10년간 옥살이를 하였다. 그는 교육에 전념을 다했고, 자신의 자식들이 시간을 아끼며 더욱 열심히 일하기를 바랐다. 이러한 정신은 런정페이가 창업초기에 고난을 겪을 때 큰 버팀목이 되었다.

런정페이는 사회에 나가서도 많은 좌절에 부딪혔다. 그는 중국 인민해방군 산하 정보기술연구소에서 특정 계급 없이 군사 기술자로 근무하였다. 런정페이는 문화 대혁명 시대에 박해를 받았던 부모의 사회적 배경, 중국 국민당과의 관계 등으로 인해 중국 공산당에 입당하지 못했지만 다양하고 많은 기술적인 성과를 이끌었다. 하지만 그럼에도 불구하고 대학에서도 군대에서도 당에 가입이 되지 않았다. 이것은 그를 힘들게 했고, 고립시켰다. 문화대혁명 시기에 그는 어떤 노력을 해도 공모전에서 수상할 수가 없었다. 그가 지도했던 수많은 후임들은 모두 입상하였지만 그는 한 번도 수상하지 못하였다. 이것은 런정페이로 하여금 고난에서 평정심을 갖는 법을 알도록 하였다. 이러한 한계와 정신적인 고난은 그를 더욱 성숙시키는 기회가 되었다. 이러한 고난 속에서 그는 팀워크를 중요시 여기게 되었고, 성과를 나누고 단결하는 것의 중요성을 느끼게

---

13) 중국공산당 주석 마오쩌둥이 중국 혁명정신의 재건을 위해 1966년부터 1976년까지 추진한 대격변이다. 당시 학교를 폐쇄하고, 젊은 홍위병에게 전통, 기존 질서체계와 자본주의적 요소를 공격하게 했다. 지식인, 지주, 나이든 관료들을 공개 비판했는데, 중국에서는 이 기간을 '십년 동란'이라고 부르기도 한다.

되었다.

1976년 4인방이 흩어진 후 런정페이의 생활은 큰 변화가 생겼다. 그는 기술이 있었기에 군대 내에서 점점 좋은 평가를 받기 시작하였다. 하지만 그는 20여 년의 군생활 동안 정신적으로 많이 수양하여 갑자기 일어난 변화에도 요동하지 않았다. 런정페이는 오랜기간 군생활에서 배운 것은 복종과 인내라고 회고하였다. 이러한 정신은 화웨이의 기업문화 형성에도 중요한 영향을 미쳤다.

2) 역경에 대한 자세

화웨이는 30년간 험난한 길을 걸었고 수많은 좌절과 실패가 있었다. 그러나 화웨이는 시종 '불타지 않는 새는 봉황이다(烧不死的鸟是凤凰)'라는 격언을 생각하였다. 끝까지 불에 타지 않고 있으면 결국 봉황이라는 것을 증명할 수 있다는 것이다. 역경도 화웨이에게는 스승이 되었다. 특히 발전초기에는 수많은 역경을 헤쳐 가며 오히려 화웨이의 정체성을 다지는 시기가 되었다.

런정페이는 역경과 고난을 정면으로 돌파하였다. 런정페이에 의하면 '가장 어려운 상황에서, 의지를 굳건히 할 수 있었고, 사람들의 인격을 검증할 수 있었고 직원들의 역량을 발휘하도록 할 수 있었다'고 하였다. 한 회사나 부서가 기업문화와 조직분위기가 좋은지는 잘나갈 때가 아닌 고난과 역경이 다가왔을 때 알 수 있다. 화웨이에 있어서 좌절과 실패는 옳은 길로 나아가는 나침반이 되었다. '고난은 재산이고 우리가 이러한 고난을 겪지 않았으면 그것이 우리의 최대 약점이 되었을 것이다'라고 런정페이는 말하였다.

3) 위기와 우환의식

화웨이가 현재와 같이 계속 성장할 수 있었던 이유는 위기의

식과 관련이 깊다. 이러한 위기의식은 런정페이가 글로벌 선도기업
의 생사존망과 관련된 여러 사례에서 얻어낸 생각이기도 하고, 또
한 화웨이의 분투과정 중에서의 경험이기도 했다. 화웨이의 발전과
정 중에서 런정페이는 이렇게 말하였다.

'오랜 기간 나는 매일매일 실패를 생각해왔다. 성공을 하더라도
명예나 자만심이 들지 않고 위기감만 든다. 아마도 평생 이렇게 살
아온 것 같다. 언젠가 실패하는 날이 분명히 올 것이지만 모두들 이
를 맞이할 준비를 하고 어떻게 살아남을 것인가를 고민한다면 기업
은 오래 생존할 수 있을 것이다. 이것은 변하지 않는 역사적 규칙이
다. 어느 날 매출이 떨어지고 이윤이 감소하여 파산한다면 우리는
어떻게 할 것인지 회사의 모든 직원들은 생각해 봐야 한다.'

화웨이의 위기의식은 기업 전략 부서에만 있는 것이 아니었
다. 각각의 부서에서 각자의 위기의식이 있어야 한다. 런정페이의
위기의식은 이렇게 관리자와 일반사원에게까지 전달되었다.

강태공이 지은 병법서 '육도(六韜)'에 나오는 인재를 고르는 원
칙 중 하나는 위기관리에 능한 자를 뽑아야 한다고 말한다.[14] 모두
주저앉는 상황에서 다양한 변수를 설정하고 대안을 찾아내는 사람
은 조직의 활력소가 될 수 있다. 위기시에 강한 사람이 진짜 인재
이다. 런정페이는 항상 위기에 대비하는 자세를 가졌기에 진짜 위
기가 왔을 때는 당황하지 않고 의연하게 헤쳐 나갈 수 있었다.

....

14) 박재희, "경영전쟁 시대 손자와 만나다." 서울, 크레듀, 2010 p.228.

4) 살아남는 자가 강한 자이다

기업이 어떻게 살아남는가 하는 문제는 글로벌 기업과의 격차에 대한 고민에서부터 시작되었다. ICT산업의 경쟁은 매우 치열하다. 조금만 나태하면 바로 도태되어 버린다. 런정페이는 모든 직원들에게 본업에 집중하며 기업발전에 주력하며 절제해야 하고, 그렇게 해야만 치열한 산업경쟁에서 살아남을 수 있다고 하였다.

인터넷과 통신기술의 발전은 지역적 한계를 넘어서 자원을 배분할 수 있게 하였고 경쟁을 격화시켰다. 이에 따라 결제시스템은 고객의 편의에 더 맞출 수 있게 되었고, 제조공장의 원가는 더 낮아졌고, 연구개발에 더 많은 인재가 몰리게 되었다. 이렇듯 경쟁이 점점 더 치열해지면서 자원과 속도에 경쟁우위가 있는 기업은 점점 더 강해질 수 있었고, 우위가 없는 기업은 점점 어려워졌다. 정보통신산업은 전자제품의 성능이 점점 좋아질수록 더욱 높은 역량의 인재가 필요하다. 이에 따라 인건비도 점점 더 높아졌다.

이렇게 격렬한 경쟁 환경 하에서 런정페이는 화웨이가 어떻게 해야 망하지 않을지 계속 스스로에게 물었다. 그는 이에 대한 대답으로 기업에 3가지 방향을 제시하였다. 첫째는 지속적인 개혁이다. 화웨이가 민영기업(民營企業: 사기업)으로서 지금까지 발전할 수 있었던 것은 내부 시스템 개혁 덕분이다. 내부 시스템 개혁에 성공하여 화웨이가 새로운 발전단계에 진입할 수 있었다. 둘째는 지속적으로 핵심 경쟁력을 제고하는 것이다. 시스템 개혁을 바탕으로 책임의식과 직업정신 등 화웨이의 기업문화가 꾸준히 발전할 수 있었다. 이렇게 발전한 시스템으로 우수한 인재가 점점 더 많이 화웨이에 오게 되었고, 화웨이는 더더욱 발전할 수 있었다. 셋째는 멀리 바라보는 동시에 눈앞에 있는 것에도 집중하는 것이다. 이를 위해서는 단기적인 이윤에만 급급하지 않으며 너무 멀리 바라보지도 않고 꾸준하게 자기 자리에서 일정한 성장을 해야 한다. 꾸준한 성장이 밑바탕이 되어야 격렬한 경쟁 속에서도 살아남을 수 있고, 살아남는 기업이 결국 강한 기업이 되는 것이다.

(3) 미래지향적 리더십

1) 대담하고 침착하게 미래전략을 세운다

화웨이가 계속 발전할 수 있었던 이유 중 하나는 화웨이의 미래지향적 리더십에 있다. 과거의 성공에 안주하지 않고, 항상 미래의 발전에 집중한다. 미래를 정확히 예측할 수는 없지만, 언제나 다른 기업보다 한 발 앞서 미래를 준비하였다. 불확실성 하에서 런정페이는 미래를 정확하게 예측할 수 없어도 과감하게 미래를 준비해야 한다고 주장하였다. 화웨이의 방침은 설령 회사에 위기가 올지라도 침착하게 미래를 위해 나아가는 것이다. 그리고 지속적으로 개혁–개방해야 하고, 자만심과 나태함을 벗어던져야 한다. 대담하고 침착하게 미래에 대한 계획과 전략을 세우고 추진한다. 이러한 가치관하에서, 5G가 최근에서야 시작되었지만, 화웨이는 이미 6G를 연구하며 준비하고 있다.

초윤장산(礎潤張傘)이라는 고사성어가 있다. 주춧돌이 젖어 있으면 우산을 펼치라는 뜻이다. 일반적으로 비가 오기 전에 주춧돌이 젖어 있으니 미리 우산을 준비하라는 말이다. 모든 일에는 전조가 있다. 전조를 주시하고 미래를 예측하여야 한다.[15] 런정페이는 이러한 전조를 놓치지 않는 사람이었다. 매번 다른 기업에 앞서 미래를 준비하였기에 현재의 화웨이가 있을 수 있었다.

....

15) 박재희, "경영전쟁 시대 손자와 만나다." 서울, 크레듀, 2010 p.93.

2) 기업목표가 명확할수록 불확실성에 대응하는 능력은
　점점 강해진다.

불확실성은 장기적으로 존재하는 것이다. 그러나 기업이 명확
한 장기목표를 가지고 자신만의 기준이 있다면 모호한 상황에서도
더 빠르고 정확하게 판단하고, 기회를 식별할 수 있다. 기업의 장
기적인 전략에서 중요한 것은 기회를 잘 잡는 것이다. 순간의 기회
를 잡아서, 이를 통해 이윤을 얻는 것이 더욱 중요하다. 기회에 몸
을 던질 수 있는 사람이 진짜 승리할 수 있다.

'맹장은 졸병에서 나오고 재상은 지방에서 나온다(猛將必發于卒
伍, 宰相必起于州部)'는 중국속담이 있다. 화웨이는 각 부서에서 기회
를 잘 잡아 성공한 경험이 있는 사람들 중에서 간부를 선발한다. 중
국의 정치체계는 선거로 주요직을 선출하는 것이 아니라, 유능한 인
재를 지방에 보내서 현장업적을 인정받으면 중앙정부로 불러들여
일하게 한다. 화웨이의 시스템도 중국의 정치시스템과 유사하다.

불확실성에 대해 주요 문제점들의 해결책과 구체적인 실천방
안이 있어야 한다. 항상 깨어있어 세계 정세의 변화에 민감해야 한
다. 어떻게 해야 불확실성 하에서 미래 발전기회를 잡을까? 런정페
이는 세 가지 실천방안을 제시하였다. 첫째, 고객의 소리를 들어야
한다. 둘째, 고객도 알지 못하는 미래(미래 고객수요와 트렌드의 변화)
를 연구하여야 한다. 고객과 공동으로 고객의 잠재된 수요를 찾아
내야 한다. 기업이 고객에게 제공하는 서비스는 그들을 도와 미래
로 인도한다. 셋째, 박람회에서 화웨이의 진가를 보여줘야 한다. 화
웨이의 전시장은 고객에게 미래 기술을 보여주는 곳이 되어야 하
고 과거 역사를 전시하는 곳이 되면 안 된다.

화웨이 설립 초에 런정페이 회장은 각지의 사람을 뽑아 현지

에 알맞게 경영하도록 그들에게 경영방식에 대한 자유와 결정권한을 주었다. 그들이 현지에서 기본 원칙은 지키되 어떤 방식으로 영업하든지 간섭하지 않고 그들을 격려하였다. 기본 원칙은 고객수요였다. 고객의 요구사항만 잘 들어주면 간섭하지 않았다. 화웨이 초기의 이러한 개방적인 사고는 기업이 서로 다른 환경에서 빠르게 적응하도록 도와주었고, 기업 최고위층과 중간관리자 간에 신뢰와 평등한 문화를 형성하였다. 이러한 방식은 효율성을 높였고, 화웨이가 더욱 복잡한 환경에서도 살아남는 데 밑거름이 되었다.

3) 봄-여름에도 겨울을 생각한다

런정페이와 고위관리자들은 고난의 시절에도 밝은 미래를 예견하였고, 꽃이 만발하였을 때는 겨울을(호황기에도 불황과 고난을) 준비하였다. 런정페이는 '우리는 봄, 여름에도 겨울을 생각한다'고 말하였다. 혼란스럽고 불확실한 상황에서도 발전의 길을 걷는다. 변화의 시기에서 위로 올라갈 가능성을 찾는다. 비록 이 과정 중에 각종 시행착오도 있었지만, 화웨이 경영진의 전략과 예측은 기업을 올바른 방향으로 이끌었다.

런정페이는 미래에 대한 예견과 준비의 중요성을 창업 전 1978년 군대에서 국가과학기술대회에 나갔을 때 한 연설자를 통해 깊이 체감하였다. 그 연설자는 앞으로 십 몇 년간 평화로운 시기는 오기 힘들 것이고 우리는 전력을 다해 투자하여 경제를 건설해야 한다고 하였다. 33살에 불과했던 런정페이는 당시 이것이 무엇을 의미하는지 몰랐다. 2~3년 후 군대에서 런정페이가 소속된 부대의 모든 군인들을 해고하였다. 그때 그는 미래를 예견하고 준비하는 것이 얼마나 중요한지를 깨달았다. 또한 미래의 전쟁터는 정치나 군사가 아니라 경제임을 인지하였다.

화웨이는 불확실성에 대응하여 미래 시장과 기술의 전망에 대해 연구하고 준비하여왔다. 2012년 화웨이는 20억 달러를 투자하여 미래 기초연구실을 설립하였다. 장기적 목표가 불명확한 기업은 단기이익에 매몰될 수 있었다. 하지만 런정페이는 기업이 시장의 변화를 면밀하게 관찰하여 시장의 변화보다 먼저 준비하도록 하였다. 그는 단기이익의 유혹을 조심하고 시장의 조정기를 대비하도록 하였다.

(4) 균형적 리더십

1) 장기목표와 단기이익을 동시에 고려한다

기업발전에 있어서는 단기이익과 장기 목표간의 균형이 중요하다. 런정페이는 말하기를 단기적으로 돈을 많이 벌면 회사가 일찍 도산한다고 하였다. 왜냐하면 모두 돈에 눈이 멀게 되고, 현실에 안주하기 때문이다. 따라서 장기적으로 돈을 꾸준히 벌어야 장기적으로 살아남을 수 있다. 2001년에 그는 회사의 시스템화를 촉진하며, 단기적인 매출이 아닌 지속가능한 발전을 강조하였다. 직원의 회사에 대한 기여도 단기적인 기여만 볼 것이 아니라 직원이 조직의 장기수요에 부합하는지도 보았다. 단기적인 것만 볼 필요도 없고, 완전히 장기적으로만 생각할 필요도 없다. 장기적인 일은 장기적으로 생각하고 단기적인 일은 단기에 하면 된다. 이것이 전략이다. 런정페이는 다음과 같이 말하며 균형적인 장단기 전략을 강조하였다.

'단기투자와 장기이익을 명확히 구분하지 못하는 사람은 장군이라고 할 수 없다. 장군은 전략이 있어야 하며, 전략이 없는 사람은 장군이라고 할 수 없다.'

그렇다면 장기이익을 위해 구체적으로 노력할 수 있는 방법은 무엇인가? 런정페이는 두 가지 방법을 제시하였다. 첫째, 장기 목표를 설정하는 것이다. 목표에는 장기적인 방향이 있어야 한다. 화웨이의 장기발전 방향은 인터넷설비 공급회사로써의 성장이다. 이것이 회사의 핵심경쟁력이다. 방향이 있어야 길을 잃어버리지 않는다. 핵심경쟁력을 중심으로 발전하면 단기발전과 장기발전에 모순이 생기지 않는다. 핵심경쟁력의 상승은 기업의 정체성을 확고히 해준다.

둘째, 이미 보유한 우수한 자원을 재투자하여 새로운 우수한 자원을 만드는 것이다. 매출의 10% 이상을 연구개발비로 사용하였고, 전문인력 채용에 대한 투자도 아끼지 않았다. 투자를 확대하여 새로운 기회를 만들어내고자 하므로 미래의 투자에 망설이지 않는다. 미래에 대한 꾸준한 투자는 화웨이가 통신장비 업종에서 지속적으로 사업할 수 있고 성장할 수 있었던 원동력이 되었다.

2) 시장의 호황과 불황은 모두 가치가 있다

런정페이는 시장의 호황과 불황의 원인과 기업에 대한 영향을 변증법적으로 보았다. 호황시기의 뒷면에는 위기가 도사리고 있고, 이 위기는 호사다마(好事多魔)라는 말도 있듯이 호황 그 자체의 필연적인 특징이다. 또한 호황은 사람들을 태만하게 만든다. 힘들게 노력하면 번영이 오지만 번영 후에는 다시 힘들게 노력하기 쉽지 않고 결국 번영을 잃어버리게 된다.

런정페이는 시장의 겨울은 기업의 경각심을 깨우는 중요한 역할을 한다고 하였다. 런정페이는 직원들에게 말하기를 '우리가 겨울을 지나지 않았으면 우리의 군대는 매우 위험했을 것이다. 화웨이는 교만하면(나태하면) 안 된다. 따라서 겨울이 무서운 것이 아니다. 우리는 충분히 버틸 수 있다. 올해 우리의 이윤이 조금 내려갔지만 손해를 보지는 않았다. 같은 산업과 비교해도 기업의 재무제표는 여전히 좋았다'고 하였다. 런정페이는 호황시에 위기를 대비하고, 불황 시에 기업 가치를 공고하게 하는 훈련을 하여 왔었고, 이를 화웨이 기업문화에 성공적으로 녹였다.

3) 첨단시장 진입과 동시에 저가 시장도 공략한다

2015년 런정페이는 화웨이가 고가시장에 진입함과 동시에 저가시장도 놓치면 안 된다고 강조하였다. 특히 중국은 현재 평균소득이 빠르게 증가하고 있어 소비재 시장의 발전이 빠르게 진행되고 있다. 그는 '만약 저가시장을 다른 기업이 점령하도록 하면 그것은 잠재적인 경쟁상대를 키워주는 것이 된다'고 걱정하면서 말하였다. 중국인 전체를 대상으로 한 시장에서 영향력이 생기고 발전하게 된다면 결국 고가시장에도 영향을 받을 수 있다. 화웨이 또한 저가시장에서 경쟁력을 얻고 고가시장에 진입한 기업이다. 다른 기업도 화웨이와 같은 길을 걸을 수 있고, 비슷한 성장과정을 거친 경쟁자가 나타날 수도 있다. 따라서 저가상품 시장을 소홀히 하지 않고 저가시장의 표준화, 단순화, AS 등을 강화해야 한다고 주장하였다.

대량생산을 통해 품질을 어느 정도 유지하면서도 가격이 싼 (가성비가 좋은) 제품을 만들어 팔았고, 이런 과정을 거쳐 화웨이는 성장해왔다. 이런 부분이 애플, 모토로라 등 선진국의 통신기업과는 다른 중국기업의 성장과정이다. 그리고 이러한 성장과정은, 모택동이 농촌과 벽지에서 힘을 키워, 마침내 중국을 통일한 전략과 비슷하다.

4) 창의성과 안정의 균형을 잡다

화웨이 초기 규범화 시기에서 런정페이는 창의성에 대해 객관적이고 이성적인 태도를 보였다. 그는 개혁은 매우 중요하지만 자주 일어날 수는 없다고 말하였다. 그는 직원들에게 마음대로 창의성을 발휘하면 안 된다고 반복적으로 경고하였다. 창의성과 안정적인 프로세스가 둘 다 부합하도록 해야 한다고 강조하였다. 비록 관리와 제도 부분에서 창의성이 필요하지만, 자주 개혁이 일어난다면 질서가 안정을 찾는 데 시간이 오래 걸리게 된다. 프로세스가 안정적으로 운영되고 있다면 어디 조그만 부분에 문제가 생겼다고 이를 다 바꿀 수는 없다. 정책을 바꾸는 것은 비용이 많이 들기 때문이다.

안정적인 프로세스는 비록 효율이 높지 않더라도 전체적인 설계나 큰 프로세스 설계에 결함이 없는 한 크게 개선할 필요는 없다. 런정페이는 보수적이더라도 특별히 급진적일 필요는 없다고 강조하였다. 하지만 가끔씩 창의적으로 개혁하지 않으면 업무효율을 높이기 어렵다. 즉 창의성과 안정된 프로세스는 공존하여야 한다.

5) 성장과 분배의 균형을 잡다

화웨이 창업초기에, 런정페이는 직원들과 책임과 권한을 나누고 이익을 공유하는 것이 중요하다는 사실을 깨달았다. 그는 옵션제도에 대해 잘 알지 못했고, 서양에서 옵션이 발달한 것도 알지 못했다. 이미 많은 인센티브 시스템이 있었지만 그는 아버지와 의논하여 직원들에게 주식 인센티브제도를 시행하였다. 그의 아버지는 주식 인센티브제도를 적극 지지하였다.

화웨이의 공유 시스템은 3가지 측면에서 시행된다. 첫째는 경영권의 분산이다. 예를 들어 순환 CEO제도가 여기에 해당한다. 둘째는 이윤의 공유이다. 화웨이는 초창기부터 직원의 주식 인센티브 제도를 실행하여 이윤 공유에 힘써왔다. 세 번째는 지식의 공유이다. 예를 들어 화웨이 대학을 설립하며 직원 교육에 힘쓰고 있다.

한 기업의 사장이 '왜 화웨이 직원들은 야근을 자주하는데 직원들이 행복해 보이는가?'하고 물어본 적이 있다. 런정페이는 이에 대해 행복은 두 가지 측면이 있다고 하였다. 이는 정신과 물질적 측면이다. 정신적 행복은 자신에서부터 나온다. 하지만 물질적 행복은 다른 사람에게 달려있다. 노력을 하지 않으면 다른 사람이 물질을 제공해주지 않는다. 만약 인생 목표가 어떤 일을 하는 것이었다면 그 일을 할 때 행복하다. 화웨이에서 일하는 직원들은 하고 싶은 일을 하므로 정신적인 측면에서 행복하고, 물질적 보상을 제대로 받기에 물질적 측면에서 또한 만족감을 느끼기 때문일 것이라고 런정페이는 대답하였다.

3. 지도자의 자기 관리

(1) 현재의 성공은 미래 성공을 담보하지 않는다

'현재의 성공은 미래의 성공을 장담할 수 있는가? 현재의 성공은 미래 성공의 담보가 아니다. 성공의 경험은 우리를 이롭게 할 수도 있지만 함정에 빠지게 할 수도 있다. 역사상 많은 성공한 기업들이 도산하였다. 비즈니스의 시간, 공간, 관리자의 상태가 모두 끊임없이 변화한다. 각주구검(刻舟求劍)[16]하고 있으면 안 된다. 끊임없이 변화해야 한다. 성공은 복제할 수 있는 것이 아니다.'

런정페이는 위와 같이 냉정하고 이성적으로 성공의 부작용을 진단한다. 성공은 좋은 경험을 주지만 오히려 함정에 빠뜨리기도 한다. 성공은 정신적 태만을 주고 적극적으로 사고하는 것을 멈추게 한다. 성공에 취해 있으면 어떻게 업무 효율성을 높일 것인지 생산성을 높일 것인지에 대해 노력하여 연구하지 않는다. 빠르게 변화하는 환경 하에서 성공은 반복되기 어렵다. 이런 성공의 특성을 잘 알고 있었던 그는 창립초기부터 자아비판의 문화를 기업문화로 받아들였다.

런정페이는 개방적인 사고를 갖고 있어 틀린 점을 지적 받으면 겸허하게 받아들이는 사람이었다. 그는 자신이 진행한 자아분석 시간에서 직접 아래와 같이 호탕하게 말하였다.

'나의 유일한 장점은 내가 틀린 점이 있으면 체면을 생각하지 않고 잘 고친다는 것입니다. 이러한 사람은 찾기 어렵지 않습니다. 따라서 후계자 선정도 별로 어렵지 않습니다. 그냥 비교적 민주적이

---

16) 배에 표시를 해 놓고 칼을 찾다. 시대나 상황이 변했음에도 불구하고 낡고 보수적인 사고방식을 고집하는 사람을 비유하는 말이다.

고 서명만 할 줄 알면 됩니다. 한 사람을 신격화하지 마십시오. 만약 한 사람을 신격화하면 화웨이의 가치관을 무너뜨리게 되고 이어서 회사는 무너질 것입니다. 왜냐하면 직원들이 자신이 이 회사의 중심이라고 생각하면 더 적극적으로 일할 것이지만 어떤 한 사람이 회사의 중심이라고 생각하면 최선을 다해서 일하지 않을 것이기 때문입니다.'

이와 같이 그는 회사가 1인 독재 경영체제로 가는 것을 경계했다.

런정페이는 또한 회사에서 귀감이 되는 모델을 선정하였다. 그의 학습 영역은 다양했는데 역사, 문화, 군사전략, 기업 실패사례, 기업가정신 등을 주로 학습하였다. 외국에 갈 때마다 그는 해당 나라와 현지 기업의 성공과 실패 경험을 주의 깊게 관찰하였다. 그뿐 아니라 자신의 생각을 항상 문장으로 적어 직원들에게 보내주었다. 이러한 생각들이 화웨이의 발전전략에 관철되었다. 한 면으로는 직원들을 가르치는 측면이 있었고, 또 다른 면으로는 다른 기업의 실패에서 배우는 시사점이 있었다. 이러한 학습정신은 모든 직원에게 롤모델이 되었다.

핸드폰을 처음 만들었던 모토로라(Motorola), 전 세계 시장점유율의 40%를 차지했던 노키아(Nokia), 미국 대통령이 사용한다고 이름을 날렸던 블랙베리(BlackBerry) 등은 지금은 시장에서 이름을 찾아보기도 어렵다. 성공과 현실에 안주한 기업들의 최종결과를 보면, 런정페이의 식견과 통찰력이 뛰어나다는 사실을 알 수 있다.

(2) 외부의 근거 없는 의심에 휘둘리지 않는다

예전에는 중국에서도 외국에서도 화웨이의 발전을 회의적으로 보았다. 2001년에 런정페이는 사회에서 어떤 공격을 받더라도 변명하지 않았고 화웨이를 더욱 발전시키는 데 힘썼다.

그는 직원들에게도 외부에 동요하지 말라고 다음과 같이 말하였다.

'평온하게 외부에 말하십시오. 언론매체의 태도에 기죽지 말고 이성적이고 관용적인 태도로 나가십시오. 사람들이 우리를 알아주지 못하는 것을 참고, 논쟁하지 마십시오. 어느 날 미디어가 우리를 공격할 때가 올 것입니다. 우리는 냉정한 태도를 지키고 요동하지 마십시오. 그러지 않으면 우리 회사가 망하는 것을 도와주는 것입니다.'

외부의 공격이 있었을 때, 런정페이는 직원들에게 자신에게 엄격하고 자신을 돌아보라고 하였다. 다른 사람이 말한 것이 맞으면 그 부분은 개선하면 되고 다른 사람이 말한 것이 틀리면 시간이 지나면서 순리대로 갈 것이라고 하였다. 그는 평정심을 갖고 대하는 것이 무엇보다 중요하다고 강조하였다.

이와 같이 많은 업무와 실적압박에 시달리면서, 런정페이에게도 불면증과 불안장애가 왔다. 당시 그는 다음과 같이 말한 적이 있었다.

'스트레스 때문에 나는 여러 번 살지 못할 것 같은 압박에 시달렸습니다. 나도 같은 사람입니다. 따라서 나도 이렇게 여러 압박에 있습니다. 하지만 제 장점 중 하나는 개방적이고 할 말은 하는 것입니다. 저도 이것이 병이라는 것을 알고 있고, 매우 힘듭니다. 견디기 힘들 때도 있습니다. 저는 이전에는 이것이 병이라는 것을 몰랐고, 치료할 수 있다는 것도 몰랐습니다. 치료할 수 있다는 사실을 안 이후로, 치료하여 상태가 좋아졌습니다.'

이와 같이 런정페이는 수많은 직원들 앞에서 자신의 스트레스를 인정하였으며, 이를 관리하는 모습을 보여주었다. 그는 기업인에게 스트레스가 없을 수는 없으며 이를 솔직하게 인정하고 건강하게 해소할 수 있어야 한다고 하였다.

4. 고위 관리자 선발 기준[17)]

(1) 경험이 승리를 만든다

1) 성공한 경험이 있는 사람을 관리자로 선발한다

런정페이 회장은 성공한 경험이 있는 사람을 관리자로 선발하는 것을 매우 중요시하였다. 물론 어떤 성공 경험은 작을 수도 있지만 성공은 성공이다. 성공한 경험이 있어야 관리자의 철학이 생기고, 리더십이 생긴다. 그들은 훈련을 통해 회사의 관리방법을 쉽게 체득할 수 있다.

왜 성공한 경험이 있는 사람을 뽑아야 할까? 프로젝트가 크든 작든 그 경험을 통해 그들은 이제 지식만 갖고 있는 것이 아니라 지식을 행동으로 전환하는 능력을 가지게 된 것이기 때문이다. 이들이 훈련을 거치고, 자기 성찰을 할 수 있게 되면 분명히 발전할 것이고 회사에 대한 기여도는 더욱 커질 것이다. 작은 성공의 경험도 없는 사람은 관리자로 선발할 수 없다.

간부는 업무를 관리한 경험이 있어야 한다. 관련된 기획 경험도 괜찮다. 런정페이는 여러 관련 경험이 있었기 때문에 인적자원에 대해 더 잘 이해하였다. 많은 사람들은 성공한 경험이 없어 성공의 돌파구가 어디 있는지 잘 알지 못한다. 그저 업무만 반복할 뿐이다. 그러나 그렇게 하면 비용만 많이 든다. 관리자는 전쟁을 지휘하는 방향을 알아야 한다. 또 주요 문제가 무엇이고 어떻게 해결해야 하는지 알아야 한다. 아래서부터 성공의 경험을 추구해야 한다. 각각의 사람들이 어떻게 하는 것이 가장 효율적인지 알고 있어야 한다. 작은 프로젝트부터 시작해야 한다.

17) 黃卫伟(2014), 「以奋斗者为本」, 中信出版社

예를 들어 재무부서의 관리자는 해외와 소통을 강화해야 하고, 경험이 필요하다. 경험이 없는 사람이 관리자로 갈 수 없으므로 밑에서부터 경험을 쌓아야 한다. 전투와 전쟁을 이해하지 못한 사람에게 전쟁의 지휘권을 맡길 수 없다. 화웨이는 하급 관리자 선발부터 시작하여 성공한 경험이 있는 사람을 선발한다. 이후에 간부(회사 고위직)로의 임명과 평가에서 하급관리자의 성공 경험은 필요조건이다.

2) 기관의 간부는 꼭 해외경험이 있어야 한다

기관의 간부는 반드시 해외로 가서 훈련을 받아야 한다. 또한 장기적으로 외국에 있으면서 해외경험을 쌓고, 해외 프로젝트를 성공시켜야 한다. 회사의 국제화에 따라 기술서비스, 공급사슬, 구매, 전략적 합작, 브랜드, 해외공공관계, HR, 각종 비즈니스 등의 모든 영역에서 국제화와 전문화된 인재가 필요하였다. 화웨이의 목표는 현지화 및 현지 국가의 수준으로 업그레이드시키는 것이었다.

런정페이는 아래와 같이 말하며 현지화에 힘쓸 수 있는 직원들을 많이 채용해야 한다고 말하였다.

'우리는 현지화를 해야 한다. 특히 유능한 현지 직원선발에 힘써야 한다. 모두들 해외로 직원을 보내면 직원이 거기서 50년 살아갈 수는 없을 것이다. 오히려 현지 직원을 뽑아 그들을 지원하는 것이 더 효율적이다. 서비스는 현지화가 필수적이다. 문제는 현지 직원이 본사와 소통할 수 없다는 점이다. 이러한 본사의 상황은 변해야 한다. 국제화 경험이 없는 간부는 모두 전방(前方)으로 보내야 한다. 이전에 해외에서 돌아와 배치가 되지 않은 사직한 직원들을 데려와서 본사의 국제화를 촉진해야 한다.

표 1 화웨이의 고위 경영진 이력

성명	학력	주요 이력	경영관리팀 (EMT)임기	현재 직책(2019)
순야팡 (孙亚芳)	청두 전자과 기대학, 학사	마케팅부 엔지니어, 교육센터 주임, 구매부 주임, 우한 사무소 주임, 마케팅부 총재, 인적자원위원회 주임, 변혁관리위원회 주임, 전략과 고객위원회 주임, 화웨이대학 교장	2004-2011	사장
궈핑 (郭平)	화중리 공대학, 석사	제품개발부프로젝트관리자, 공급사슬 총관리자, 총재실 주임, 수석법무관, 프로세스 및 IT관리부 총재, 기업발전부 총재, 화웨이단말기회사 이사장 겸 총재	2004-현재	부사장, 이사회 멤버, 순환 CEO, 재경 위원회 주임, 지멘스가 화웨이와 합작으로 설립한 정교통신기술유한공사의 회장
쉬즈쥔 (徐直军)	남경이 공대학, 박사	무선제품라인 총재, 전략 및 마케팅 총재, 제품 및 해결방안 총재, 제품 투자평가 위원회 주임	2004-현재	부사장, 이사회 멤버, 순환 CEO, 전략발전위원회 주임 등
후허우쿤 (胡厚崑)	화중이 공대학, 학사	중국마케팅부 총재, 남미지역 부총재, 글로벌판매부 총재, 팬매 및 서비스 총재, 전략 및 마케팅 총재, 글로벌 인터넷 안전 및 고객 정보보호 위원회 주석, 미국 화웨이 사장	2004-현재	부사장, 순환CEO, 인적자원위원회 주임
쉬원웨이 (徐文伟)	동남대학, 석사	국제제품판매 총재, 유럽지역 총재, 전략 및 마케팅 총재, 판매 및 서비스 총재, 지역합동회의 총재, 기업업무 BG CEO	2004-현재	이사회 멤버, 전략 및 마케팅총재
리지에 (李杰)	시안 교통대학, 석사	지역부총재, 글로벌 기술서비스부 총재	2011-현재	회사 감사회 의장, 감사위원회 주임
딩윈 (丁耘)	동남대학, 석사	제품라인 총재, 글로벌해결방안판매부 총재, 글로벌마케팅 총재, 제품과 해결방안 총재	2011-현재	상무이사, 운영상BG 총재
멍완저우 (孟晚舟)	화중이 공대학, 석사	국제회계부 총감독, 화웨이홍콩회사 수석 CFO, 재무관리부총재	2011-현재	화웨이 부사장, 수석 CFO

출처: 吳晓波, J. P. Murmann, 黃灿, 郭斌, 华为管理变革, 北京 : 中信出版, 2017. p.69.

우리는 중국에 훌륭한 연구개발 센터가 있다. 하지만 운영 경험이 있는 것은 아니고 효율이 높은 것도 아니다. 만약 우리가 세계적으로 높은 수준의 인재를 채용하지 않으면 우리는 낮은 수준에 계속 머무를 것이다. 우리는 총체적으로 관리를 할 수 있는 인재가 없다. 유능한 다국적 인재들과 협력해야 한다.'

이렇듯 화웨이가 세계로 뻗어나갈수록 간부의 해외 경험을 중요하게 여겼다. 직원들의 국제 경험을 강조함으로 인해 화웨이의 세계 진출은 가속도를 밟기 시작하였다.

(2) 결과가 우선이다

1) 실적은 예선이다

런정페이는 실적이 없으면 간부로 선발하지 않았다. 뛰어난 실적이 있고, 그 실적이 상위 25%에 들어야만 간부 선발 프로세스에 진입할 수 있다. 상위 25%의 인재들을 모아 훈련시키며, 그 중에서 3분의 1을 다시 추려낸다. 즉 약 8%가량의 직원 중 추천을 통해 간부가 될 준비를 시킨다. 예비 간부들은 후방(後方)에서 준비하고 있다. 화웨이는 그들에게 행동할 기회를 준다. 이런 훈련을 통과했지만 목표치를 달성하지 못한 조직원들도 화웨이의 영웅이다. 하지만 모든 영웅이 꼭 장군이 될 필요는 없다. 천리마는 모두 나와서 경기를 한다. 가장 빨리 달리는 말(실적 좋은 직원들) 25%를 관련부서에서 능력을 검사한다. 간부후보는 꼭 빨리 달리는 말(실적 좋은 직원) 중에서 선출해야 하는 것이다.

화웨이의 정책은 성과를 낸 사람에게 더 많은 상을 주고, 경쟁에서 승리한 부서에서 간부를 선발한다. 실적이 좋은 부서에서 인재를 추천한다. 화웨이는 간부를 선발할 때 인성보다는 능력과

업무실적을 중요하게 여겼다. 또한 경력보다도 능력을 더욱 중요시
하였다. 이는 이전의 중국기업들이 이력과 학력으로 직원 선발 및
승진의 주요기준으로 삼았던 상황에서 상당히 이례적이다. 경력을
중요시하지 않을 때, 젊은 간부들이 빠르게 성장할 수 있고 자신감
을 키울 수 있었다. 기존의 간부들만으로 화웨이가 세계 제일의 기
업이 되는 것은 쉽지 않았기 때문이다. 이렇게 젊은 간부들이 화웨
이와 동반성장했기에, 화웨이가 세계적인 기업이 될 수 있었다.

2) 회사 핵심 직원은 실질적인 기여가 있어야 한다

기업은 추상적인 연구로 돈을 버는 것이 아닌, 갖고 있는 지
식의 실제 공헌도로 돈을 번다. 따라서 화웨이는 간부를 선발할 때
그의 스펙을 고려하지 않았다. 지식과 학력으로 간부를 선발하지
않았고 책임감, 능력, 기여도 등으로 선발하였다. 화웨이의 대우체
계는 실천을 강조한다. 지속적인 기여에 대한 평가로 직원들의 연
봉과 인센티브를 정하였다.

간부선발 시에는 평소의 행동들을 본다. 핵심직원의 충성도는
반드시 장기간의 테스트를 거친다. 회사는 중요한 사건(예: 회사경영
위기, 회사전략 선택과정, 중대업무실시 및 직원관리 정책 조정, 회사업무
발전에 직원이 보여준 일정부분의 희생)이 발생했을 때의 직원의 태도
와 언행을 보았다.

3) 실력이 있으면 단점이 있어도 선발한다

런정페이는 '장점이 탁월한 사람은 보통 단점도 특출하다'고
말하며 직원을 선발할 때 완벽을 요구해서는 안 된다고 하였다. 학
교나 경력보다 그 사람의 실력만을 믿었다. 단점을 평가할 때는 큰
그림만 보며 장점이 회사에 줄 수 있는 도움을 먼저 보았다. 간부

선발 시 어느 정도는 관용적이어야 하며, 직원들을 이해해줘야 했다. 도덕 부분에 문제가 없다면 관용적인 시각으로 그들을 대해야 한다. 책략가는 완벽을 바랄 수 없다. 완전무결한 사람은 오히려 일을 못하는 사람일 수도 있다. 런정페이는 이 부분에서 매우 관용적이었다.

이는 이론적으로는 많이들 동의하지만 쉽게 행할 수 없는 원칙이다. 단점이 눈에 띄는 사람을 그의 실력만 믿고 간부로 선발하는 것은 주변 직원의 반대에 부딪힐 수밖에 없기 때문이다. 하지만 런정페이는 회사에 이득이 된다면 실력 있는 사람을 간부로 선발하는 것을 주저하지 않았다.

(3) 간부의 인격적 자질

1) 도덕과 품성은 간부의 자격이다

화웨이는 간부를 선발할 때 인격을 가장 중시한다. 여기서 말하는 인격은 도덕성만이 아니다. 책임감, 사명감, 직업정신, 인내심, 자아발전의지, 리더로서의 성품을 포함한다. 간부 선발 시 인격은 매우 중요하지만, 진정한 인격을 아는 것은 어렵다. 화웨이에서 가장 먼저 보는 것은 이 사람이 뒷말을 하는지 여부이다. 뒤에서 남을 쉽게 얘기하는 것은 소인으로 여긴다. 소인의 인격은 당연히 논할 여지가 없다. 이런 사람이 간부로 선발되는 것을 막는다. 식사자리나 차 마실 때 다른 사람에 대해 험담하면 그것이 사실이라고 하더라도 이 사람이 가볍다는 것을 알 수 있고, 험담내용이 사실이 아니라면 이 사람은 소인임을 알 수 있으므로 간부 선발에서 제외한다.

간부 선발 시 덕(德)도 매우 중요하다. 천리마를 달리게 할 때, 먼저 말에게 충분한 신뢰를 주어야 한다. 달리는 과정 중에 방향도 지도해야 하고 중간중간 방향과 속도수정도 해야 한다. 하급 관리자에서 중간관리자로 선발될 때는 재능이 제일 중요하지만, 중간관리자에서 고위 관리자로 선발될 때는 인격이 제일 중요하다. 기준은 직위에 따라 다르다.

인재를 선발할 때 장기적인 전략으로 선발시스템을 설계하는 것이 중요하다. 고위 간부와 하급관리자의 소양에 대한 요구는 다르다. 하위 관리자는 실적에 대한 요구가 높다. 고위 간부는 소양에 대한 기준이 높다. 전문기술직원이 필요할 때는 기술적인 부분만 제대로 담당할 수 있으면 된다. 그러나 관리급 간부의 소양에 대한 요구사항은 높을 수밖에 없다. 행정팀은 주로 사람을 관리한다. 도덕성이 안 좋은 사람과 허세가 심한 사람들은 행정관리팀에 들어오면 안 된다. 그들은 평범함 관리직이나 전문기술직원으로만 남아야 한다.

2) 최전방선, 힘든 지역에서 간부를 선발한다

화웨이는 힘든 부서와 열악한 국가/지역에서 일한 간부에게 더 혜택을 주었다. 열악한 국가/지역에서 일하는 직원이 성과를 보이면 더 빨리 승진했다.[18] 열악한 지역의 관리자 포지션은 공석으로 남기면 안 되었다. 만약 어떤 사원이 관리자 직무에 적합하다면 자리를 절대 비워두지 말고 그를 임명시켜야 했다. 실적 좋은 직원을 비어있는 공석으로 보내야 한다.

그러나 화웨이의 성장방식은 변화하고 있다. 지금까지는 농촌

....

18) 이런 화웨이의 승진방식은 중국의 정치시스템과 비슷하다. 중국은 선거가 없고, 정치엘리트들을 변방 또는 통치가 어려운 지역으로 보내서, 실적과 능력을 검증하고 나서 중앙정계에서 일하게 된다. 후진타오 전 주석도 일찍이 시장(西藏)을 통치했었다.

에서 시작해서 도심으로 확장하였다. 하지만 이제는 대기업으로 확장하고, 대도시로 진출 및 사업영역을 확장해야 한다. 이제 화웨이는 충분히 성장했으므로 중앙으로 정면돌파해야 한다.

3) 책임감과 성취욕이 강한 사람을 선발한다.

화웨이는 사명감이 강한 사람, 직원에 대한 책임감이 있는 사람을 간부로 선발한다. 화웨이는 사회에 책임감이 있는 사람을 중시한다. 화웨이가 말하는 사회 책임감은 회사의 목표가 자신의 목표가 되어 주변에 더 많고 좋은 서비스를 제공하는 것이다. 또 개인의 성취감을 중요시하는 사람을 롤모델로 훈련시킨다. 모델이 없으면 기업은 에너지가 없고 희망이 없다. 따라서 화웨이는 지도자와 영웅을 필요로 한다.

화웨이의 간부는 회사에 대한 책임감과 개인의 성취감 모두 잡아야 한다. 회사에 대한 책임감은 기업내부 우수한 직원들이 조직목표에 대해 강한 책임감과 사명감을 갖는 것이다. 이것은 개인의 성취감보다 더 중요하다. 화웨이의 간부들은 목표를 완성하는 데 초점을 맞추어 열심히 일한다. 어떤 간부는 본인의 성취가 없는 것 같다고 말한다. 그러나 그의 목표가 실현되었다면, 그는 훌륭한 지도자의 역할을 한 것이다. 화웨이는 개인 성취욕이 강한 사람도 긍정적으로 생각하고 지지한다. 하지만 그가 책임감을 제대로 갖추지 못했다면 그가 책임감을 키울 때까지 지도자가 될 수는 없다. 책임감 없이는 하위부서에서만 일하게 될 것이다. 성취욕이 강한 사람들이 책임감 없이 진급하여 임원으로 선발되게 되면 보통 단결되지 않고 분열이 된다. 따라서 화웨이에게 사회책임감과 개인성취감은 모두 빼놓을 수 없는 인재 선발 기준의 기초이다.

4) 간부가 팀의 실적을 지속적으로 높이려면 리더십이 중요하다

실적과 리더십, 그리고 간부선발의 관계를 정확히 이해해야 한다. 실적은 매출액만이 아닌, 생산물과 결과도 포함된다. 리더십이란, 팀이 지속적으로 높은 실적을 내도록 이끄는 능력이다. 실적과 리더십 간의 관계를 봐야 한다. 실적이 있다면 분명히 이유가 있다. 그 이유는 리더십 때문일 수도 있고, 다른 이유 때문일 수도 있다. 따라서 실적이 있다고 꼭 간부가 될 수 있는 것은 아니다. 그의 리더십을 봐야 한다. 또한 리더십을 구비한 사람이 반드시 높은 실적을 보이는 것은 아니다. 한 사람의 리더십은 실적, 문제해결 능력, 해결 과정 등으로 총체적으로 평가하여야 한다.

화웨이는 어떻게 부서의 정직(正職, 실장)과 부직(副職, 부실장)을 선발할까? 정직과 부직은 서로 다른 훈련기준과 선발 기준이 있다. 부직은 꼼꼼해야 하고, 조직의 목표를 시행해야 한다. 반면에 정직은 도전할 줄 알아야 하고 리더십이 있어야 한다. 팀을 이끌기 위해서 새로운 돌파구를 계속 찾아야 한다. 그와 동시에 주도면밀한 전략이 있어야 하고, 결단력, 인내심, 희생정신이 있어야 한다. 화웨이는 정직을 평가할 때 전리품의 크기만으로 평가하지 않는다. 문제해결 과정 중의 지도력과 행동으로 평가한다. 회사에 대한 충성심, 인내심, 투쟁정신, 실적, 돌발 상황 시 순발력과 해결능력을 보여준 직원을 간부로 선발하고 배양하려 한다. 간부의 필수요소 중 '소양'은 학력, 기술 등으로 오해하기 쉽다. 그러므로 소양이라고 말하지 않고 '업무수행 중 지속적으로 보이는 해결능력'이라고 문서에 적는다.

중간관리자의 실행력과 고위간부의 결단력은 매우 중요하다. 이에 사회성과 리더십이 더해지면 4가지 중요한 능력이 된다. 이 4

가지 능력으로 팀이 협력하게 할 수 있다. 이는 이해력, 실행력, 사교성을 포함한다. 지도자, 관리자가 되고 싶다면, 책을 읽고 시야를 넓혀야 한다. 산업의 변화를 명확히 알아야 미래의 변화에 적응하고 내부의 프로세스를 정립할 수 있다. 시야는 자신의 경험만으로 채울 수 없고, 스스로 공부해야 넓어질 수 있다.

(4) 그 외 간부선발에서 중요한 것들

1) 균형적인 간부배치

매출에는 4가지 요소가 있다. 고객관리, 문제해결, 대출, 결제이다. 화웨이는 이전에는 고객만 중시했고, 결제와 대출 등 재무부문은 등한시했다. 재무 시스템 설립에도 소홀했다. 결과적으로 고객관리와 문제 해결은 강하지만 재무부문은 약하게 되었다. 이제 화웨이는 변화하기 시작했다. 네 개 요소의 균형성장을 꾀하기 위하여 각 요소에 균형적으로 간부를 배치하여 보고할 것을 요구하였다.

화웨이의 많은 유능한 인재들은 모두 본사에 집중되어 있어서 전방의 큰 프로젝트에는 오히려 회사 핵심인재들이 적었다. 런정페이는 고객담당부서의 역량이 너무 부족하다고 생각하여, 전방에 능력있고 젊은 인재들이 많이 가기를 원했다. 그는 본사의 경쟁력은 강화됐지만, 화웨이의 역량은 증가하지 않았다고 강조하였다. 화웨이는 용감하고 우수한 장수(인재)를 뽑아서 전방으로 보내 우수한 자원을 고객에게 제공해야 한다고 느꼈다.

2) 간부는 위로 올라갈 수도 있고, 아래로 떨어질 수도 있다

화웨이의 간부는 종신제가 아니다. 고위간부도 위로 올라갈 수 있고, 아래로 내려갈 수도 있다. 임기 말에 간부는 자신의 업적을 보고하고 다음 임직을 신청한다. 해당부서와 직원들이 이를 평가하여 다시 연봉 협상을 한다. 한 세대가 가고 다음 세대가 오는 것은 자연스러운 일이다. 조직내에서 적당히 도태되는 것은 필요하다. 임기제는 세대 전환의 온건한 방식이다.

간부는 쉽게 선발하고 오히려 임기 후에 조정이 있다. 일을 시켜보고 적합하지 않은 사람은 탈락시킨다. 고위간부를 포함해서 모두 관용을 베풀지 않는다. 권력에 기대어 덕을 보게 하지 않는다. 간부집단 개혁의 목적은 회사를 살리는 것이다. 회사를 살리기 위해서 회사발전에 방해되는 사람을 탈락시켜야 한다. 그렇게 해야 회사가 살아갈 수 있다.

화웨이는 각 부서에서 평가제를 실시한다. 적합하지 않은 간부는 직급을 낮춰 적합한 포지션으로 보낸다. 그렇지 않으면 화웨이의 1인당 목표 수치는 높은 수준에 다다를 수가 없다. 어떤 사람은 이것이 잔인하다고 말한다. 하지만 시장은 원래 잔인한 것이다. 회사 내부 조직은 자상하고 부드러울 수가 없다. 실적이 악화될 때는 연봉을 삭감해야 한다. 만약 올라가기만 하고 내려가는 일이 없을 수는 없다. 이렇게 해야 화웨이의 차기 계획이 실현되는 것을 보장할 수 있었다.

각급 간부의 도태(淘汰)율은 10% 정도이다. 회사 도태제도는 주로 일반 사원이 아닌 행정 관리자가 대상이 된다. 화웨이는 12급 이하 직원의 시험은 절대평가이다. 하지만 13급 이상의 관리자들은 상대평가한다. 특히 행정관리 직무를 하는 직원은 하위직원 도태제도를 의무적으로 실시한다.

이미 평가에서 밀려 직급이 낮춰진 간부는 1년 내에 다시 간부로 선발은 불가능하다. 부서를 바꿔서 선발하는 것도 불가능하다. 1

년이 지난 후에 다시 실적으로 엄격한 심사를 거친 후, 합격기준에 다다른 간부는 계속 임용될 수 있다. 기준에 다다르지 못한 사람은 다시 임용될 수 없다. 계속 자리에 남고 싶은 사람은 실무자리에 투입된다. 이후에 실적이 좋으면 물론 다시 승진할 수 있다.

　화웨이는 직급이 내려간 간부에게 마음을 다스리라고 한다. 정확히 자신을 성찰하여 새로운 포지션에서 또 실력을 발휘해야 한다. 자괴감에 빠지지도 말고 자만하지도 말고 넘어진 곳에서 다시 일어나 올라갈 수 있어야 한다. 특히 억울하게 직급이 내려간 간부는 원망하지 않고 계속 노력하여 실력과 행동으로 증명해야 한다. 이러한 사람들은 아주 진귀한 자산이다. 미래의 대업을 이룰 인재이다. 조직이 실수할 수도 있다. 어떤 시기에 어떤 사람에 대한 평가가 불공평할 수도 있다. 따라서 언제나 억울한 사람이 있을 수 있다.

　이런 사람에게 적절히 대우해준다면 화웨이의 발전에 10배의 생산성을 더해줄 것이다. 적절한 대우로 인해 조직은 당신에게 더 큰 신뢰와 지지를 보낼 것이다. 타지 않은 새는 봉황이다. 이것은 화웨이직원이 억울한 대우를 당했을 때 태도와 간부 선발의 원칙이다. 억울한 대우를 받더라도 끝까지 버티고 있다면 결국 그 사람의 가치는 인정받을 것이다. 사실 한 사람의 운명은 자신이 어떻게 하느냐에 달려있다. 과정의 평가는 오차가 있을 수 있지만, 차이가 아주 크지는 않을 것이다.

　3) 같은 조건하에서는 여성 임원을 선발해야 한다

　화웨이는 민영기업이지만 의외로 여성 직원에 대해 배려가 많았다. 화웨이의 고위 관리급인 쑨야팡도 여성이고, 부회장 겸 최고 재무책임자(CFO)인 런정페이의 딸 멍완저우(孟晚舟)[19])도 여성이다. 런정페이는 회사의 균형발전을 위해 여성 간부를 일정비율 이상 선발해야 한다고 하였다. 심지어 같은 조건하에서는 여성을 우선적으로 뽑는다는 파격적인 특혜를 주기도 하였다. 우수한 여성 간부는 좋은 조건으로 임명한다. 런정페이는 점차적으로 고위 간부집단의 여성비율을 높여야 한다고 하였다. 그는 2008년 말까지 각급 행정관리팀에서, 한 명 이상의 여성 직원을 목표로 하였다.

....

19) 멍완저우는 16살 때, 어머니의 성을 따라 멍(孟)씨이다. 그녀는 1993년 화웨이에 입사하여 안내원, 타자수, 전시회 보조 등 단순작업부터 일하였다. 화웨이 창사 초기 회사 내 비서 3명 중 1명이었다. 2011년 CFO로 승진하여 화웨이의 자금줄을 관리하면서 영향력을 발휘하여왔다. 이후 런정페이가 사임한 부회장 직을 승계하면서, 그룹의 실제적인 2인자라는 평가가 있다. 참고로 런정페이는 결혼을 3번 한 것으로 알려져 있다.

화웨이
경쟁력 분석

이번 장의 내용은 화웨이의 경쟁력 분석을 한 저자의 논문을 기반으로 서술하였다.[1] 해당 논문을 통해 2011년부터 2018년까지 의 화웨이 국제경쟁력의 변화를 수치로 직관적으로 볼 수 있다.

1. 화웨이의 경쟁력 측정 방법

화웨이의 국제경쟁력 지수는 Porter의 다이아몬드 모형을 사용하여 4대 결정요인인 요소조건(Factor Conditions), 수요조건(Demand Conditions), 관련 및 지원 산업(Related and Supporting Industries), 기업전략과 구조 및 경쟁(Firm Strategy, Structure and Rivality)요인으로 나누어 점수화 하였다.[2] 첫 번째, 요소조건은 생산요소의 기본인 하위요인으로 자본, 노동, 연구개발의 세 가지 항목이 있는데, 본 연구에서는 자본은 회사채 이자율, 노동은 인건비,

----

1) Kim, J. H., & Choi, M. C. (2019). An Examination on Competitiveness Analysis of Huawei Enterprise. TEST Engineering & Management, 81, 35 – 41.

2) 박상수 외 1명(2012)에서 다이아몬드 모델 지표화 모형을 참조하여 2011~2019 년까지 각 연도 간 측정지표의 상대적 비율을 계산하였다.

연구개발은 R&D 직원의 수로 측정하였다.

　　두 번째, 수요조건의 하위요인은 시장, 소비자, 경제환경의 세 가지 항목으로 시장은 전세계 인터넷 서버 가입자 수, 소비자는 중국의 1인당 GNI, 경제환경은 중국의 GDP 증가율을 측정 지표로 삼았다. 2014년 이후부터는 화웨이의 중국 매출 비중이 가장 커지고 2018년엔 매출의 50% 이상이 중국에서 나오는 것을 반영하여 수요조건은 중국의 1인당 GNI와 GDP증가율로 측정하였다.

　　세 번째, 관련 및 지원산업의 하위 요인으로는 통신장비 산업에 영향을 미칠 수 있는 회사 외적인 관련 산업 지표와 회사 내적 인프라를 특허와 R&D비용으로 측정하였다. 관련 산업은 HS코드 85인 전자기기와 그 부분품으로 중국의 85코드 수출액을 지표로 삼았고, 관련 인프라는 특허 등록 수와 R&D비용으로 측정하였다.

　　네 번째, 기업전략, 구조 및 경쟁은 기업전략의 성과인 경영성과를 하위요인으로 정하여 영업이익으로 측정하였고, 기업전략 및

표 1　화웨이 경쟁력의 결정요인과 측정지표

4대 결정요인	하위요인	측정지표
요소조건	자본	회사채 이자율
	노동	인건비
	연구개발	R&D 직원 수
수요조건	시장	전세계 인터넷 서버 가입자수
	소비자	중국 1인당 GNI
	경제환경	중국 GDP증가율
관련 및 지원 산업	관련 산업	전자기기와 그 부분품 중국 산업수출액
	관련 SOC	특허 수
	관련 SOC	R&D 비용
기업전략과 구조 및 경쟁	경영성과	영업이익
	정부	정부지원금
	경쟁	글로벌 스마트폰 시장점유율

경쟁우위에 영향을 미치는 정부는 정부지원금으로 측정하였다. 경
쟁은 화웨이의 글로벌 스마트폰 시장 점유율로 측정하였다. 이상의
내용을 정리하면 <표 1>과 같다.

2. 종합평가 결과

화웨이의 종합평가 결과는 <그림 1>에 나타나 있다. 종합적으로 보면 2011년엔 요소조건에서 경쟁력을 보이고 있으며, 나머지 세 가지 조건은 2018년이 가장 경쟁력 있는 것으로 나타났다. 이는 생산요소의 가격이 올라 생산요소의 경쟁력이 꾸준히 감소하고 있는 것으로 보이며, 이는 중국의 모든 기업에서 나타나는 현상으로 이에 대한 대비가 필요할 것이다.

수요조건은 2011년 5.4에서 2018년 8.98로 점점 더 경쟁력이 좋아지고 있는 것으로 나타났는데 특히 2016년에서 2017년, 2017년에서 2018년에 경쟁력 지수가 가파르게 증가하였다. 기업전략과 구조 및 경쟁, 관련 및 지원산업은 연도에 따라 꾸준히 증가하고 있는 것으로 보이며 요소조건을 제외한 나머지 조건은 2018년에 가장 높은 경쟁력을 가지는 것으로 나타났다. 이는 최근으로 올수록 화웨이에게 유리한 기업환경이 주어졌으며 화웨이가 사업할 기회가 더욱 많아진 것으로 볼 수 있다.

그림 1 화웨이 연도별 경쟁력 비교

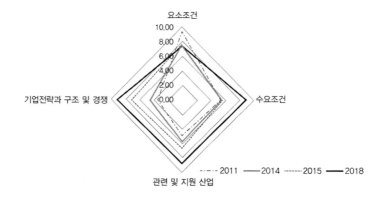

3. 요인별 평가 결과

(1) 요소조건

요소조건은 자본, 노동, 인프라와 같은 생산요소의 경쟁력을 측정하는 것이다. 포터의 이론은 생산요소를 기초요소(Basic Factor) 와 진보요소(Advanced Factor)로 나누는데 대표적인 기초생산요소 인 자본과 노동을 하위요인으로 정하였고, 진보요소로 연구개발을 하위요인으로 정하였다. 각각의 측정지표로 요소조건을 측정하였 을 때 요소조건은 2011년도에 9.25로 가장 경쟁력이 높고 2018년 에 7.4로 가장 경쟁력이 낮은 것으로 나타났다. 특히 2011년도와

표 2　4대 결정요인별 종합 평균 지수

	2011	2012	2013	2014	2015	2016	2017	2018
요소조건	9.25	7.99	7.76	7.56	7.55	7.41	7.44	7.40
수요조건	5.40	5.14	5.39	5.48	5.56	5.85	7.29	8.98
관련 및 지원산업	5.00	5.15	5.20	5.83	6.74	7.70	8.21	8.91
기업전략과 구조 및 경쟁	3.45	3.10	3.21	4.52	7.15	6.38	6.84	9.15

자료: 저자 계산

그림 2　요소 조건

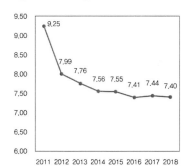

자료 : 저자 계산

그림 3　수요 조건

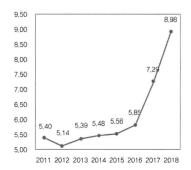

자료 : 저자 계산

2012년도 사이에 갭이 가장 큰데 이는 이자율과 인건비가 저렴한 데서 기인하였다. 특히 인건비는 2011년 393억 6천 7백만 위안에서 2018년 1,465억 84백만 위안으로 3배 이상 증가하여서 경쟁력이 감소하였다.

(2) 수요조건

화웨이 제품의 시장은 크게 통신장비와 스마트폰 시장이다. 통신장비는 중국만이 아니라 전세계적으로 점유하고 있고, 스마트폰은 중국을 중심으로 시작하고 있는 단계이다. 따라서 수요조건의 측정지표는 전세계 인구의 인터넷 보급율과 1인당 GNI, GDP 성장률로 측정하였다. 수요조건은 2012년에 5.14로 8년 중 가장 낮은 경쟁력을 보였고, 2017년에 7.29로 가파르게 성장하여 2018년엔 8.98로 가장 높은 경쟁력을 보여줬다. 이는 인터넷 가입자 수와 중국의 1인당 GNI가 급격히 성장하였기 때문인데 특히 화웨이는 아프리카, 중동, 동남아 등 개발도상국에서 시장점유율이 높으므로 수요조건에서 충분히 경쟁력 있는 것으로 고려된다.

(3) 관련 및 지원 산업

관련 산업은 통신장비와 스마트폰에 모두 필요한 HS코드 85인 전자기기와 그 부분품의 중국 수출액을 측정 지표로 두었다. 또한 통신기기 산업의 특성상 연구 개발이 가장 중요하기에 특허 등록 수와 연구개발비가 많을수록 화웨이가 사업하기에 좋은 환경이 될 수 있으므로 특허 등록 수와 연구개발비를 측정지표로 두고 분석하였다.

관련 및 지원 산업은 2011년에 5로 가장 낮은 지수를 보이고, 2018년에 8.91로 가장 높은 지수를 보였다. 구체적으로 보면 2018

년에는 특허 수와 R&D비용이 각각 87,805개, 10억 1,509백만 위안으로 가장 높은 지수를 얻었고 전자기기와 그 부분품 수출은 2011년에 66억 3,899백만 달러로 가장 많은 금액을 수출하였다. 이를 종합하여 경쟁력 지수는 2018년에 8.91로 가장 높게 나왔다.

(4) 기업전략과 구조 및 경쟁

기업전략과 구조 및 경쟁의 측정지표는 경영성과, 정부지원금, 경쟁도로 측정하였다. 경영성과는 영업이익으로 측정하였고, 경쟁도는 글로벌 스마트폰 시장 점유율로 측정하였다. 기업전략과 구조 및 경쟁은 다른 요인들과 다르게 8년간 직선으로 성장하거나 하락하지 않았다. 이는 정부 지원금이 2015년에 가장 높았던 탓이다. 영업이익과 스마트폰 시장 점유율은 2011년부터 2018년까지 꾸준하게 성장하였지만 정부지원금은 변동이 크게 있었다. 따라서 화웨이는 기업전략과 구조 및 경쟁요인에서는 정부지원금의 의존도를 최소화해야 경쟁력을 키울 수 있을 것으로 보인다.

그림 4 관련 및 지원 산업

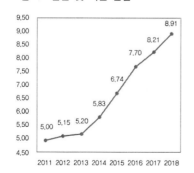

자료: 저자 계산

그림 5 기업전략과 구조 및 경쟁

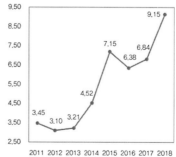

자료: 저자 계산

표 3 화웨이 경쟁력 측정지표별 지수화 수치

항 목	구 분	2011	2012	2013	2014	2015	2016	2017	2018
요소조건	회사채 이자율(%)	10.00	7.04	7.04	7.71	8.86	8.99	9.52	9.52
	인건비(CNY Million)	10.00	8.19	7.51	5.48	3.90	3.23	2.81	2.69
	R&D 직원 수(명)	7.75	8.75	8.75	9.50	9.88	10.00	10.00	10.00
요소조건		9.25	7.99	7.76	7.56	7.55	7.41	7.44	7.40
수요조건	인터넷 서버 가입자수 (per 1million people)	0.39	0.52	0.60	0.73	0.92	2.04	5.67	10.00
	1인당 GNI(달러)	5.81	6.59	7.37	8.02	8.50	8.45	9.03	10.00
	GDP증가율(%)	10.00	8.32	8.21	7.68	7.26	7.05	7.16	6.95
수요조건		5.40	5.14	5.39	5.48	5.56	5.85	7.29	8.98
관련 및 지원 산업	전자기기와 해당 부품 중국산업수출액(달러)	10.00	9.04	8.43	9.05	8.60	8.46	7.34	6.72
	특허 수(개)	2.68	3.44	4.16	4.42	5.74	7.12	8.46	10.00
	R&D 비용(CNY Million)	2.33	2.96	3.02	4.02	5.87	7.53	8.84	10.00
관련 및 지원산업		5.00	5.15	5.20	5.83	6.74	7.70	8.21	8.91
기업전략 과 구조 및 경쟁	영업이익(CNY Million)	2.56	2.82	3.97	4.67	6.25	6.48	7.69	10.00
	정부지원금(CNY Million)	5.64	3.61	2.24	4.98	10.00	6.24	5.67	7.44
	글로벌 스마트폰 시장점유율(%)	2.14	2.86	3.43	3.93	5.21	6.43	7.14	10.00
기업전략과 구조 및 경쟁		3.45	3.10	3.21	4.52	7.15	6.38	6.84	9.15

표 4 화웨이 경쟁력 결정요인의 측정지표 원자료

항목	2011	2012	2013	2014	2015	2016	2017	2018	출처
회사채 이자율(%)	3.73	5.30	5.30	4.84	4.21	4.15	3.92	3.92	Huawei annual report
인건비 (CNY Million)	39,367	48,084	52,450	71,808	100,834	121,872	140,285	146,584	Huawei annual report
R&D 직원 수(명)	62,000	70,000	70,000	76,000	79,000	80,000	80,000	80,000	Huawei annual report
인터넷 서버 가입자수(per 1 million people)	239	325	370	450	572	1,265	3,512	6,195	World bank
1인당 GNI(달러)	5,583	6,329	7,081	7,702	8,167	8,116	8,677	9,608	Bank of Korea
GDP증가율(%)	9.5	7.9	7.8	7.3	6.9	6.7	6.8	6.6	Bank of Korea
전자기기와 그 부분품 중국산업수출액 (USD Million)	663,899	600,295	559,893	600,738	571,186	561,755	487,492	445,822	Korea International Trade Association
특허 수(개)	23,522	30,240	36,511	38,825	50,377	62,519	74,307	87,805	Huawei annual report
R&D 비용 (CNY Million)	23,696	30,090	30,672	40,845	59,607	76,391	89,690	101,509	Huawei annual report
영업이익 (CNY Million)	18,796	20,658	29,128	34,205	45,786	47,515	56,384	73,287	Huawei annual report
정부지원금 (CNY Million)	1,170	750	465	1,033	2,076	1,295	1,178	1,545	Huawei annual report
글로벌 스마트폰 시장점유율(%)	3	4	5	6	7	9	10	14	World bank

화웨이
시스템 혁신 사례

　　화웨이 창립 초기부터 지금까지 지난 30년간 통신 장비 기술
은 매우 빠르게 발전하였고 이에 맞추어 회사의 규모는 기하급수
적으로 커졌다. 화웨이가 지금까지 눈에띄게 성장할 수 있었던 이
유 중 하나는 체계적인 시스템의 구축때문이었다. 화웨이는 시대와
회사 비전에 맞게 여러 번의 시스템 개혁을 하였다. 이번 장에서는
그 중 화웨이에서 매우 중요한 부분인 연구개발 개혁과 공급사슬
개혁에 대해서 알아보고자 한다.

　　연구개발의 개혁의 초기단계에서 화웨이는 생존하기 위하여
개혁하였고, 화웨이만의 길을 개척하였다. 그 후 점점 시장의 선도
자가 되어 연구시스템을 적극적으로 업그레이드하였고, 우수기업
들을 벤치마킹하였다.

　　앞의 두 번의 개혁은 비공식적으로 진행하였고, 모두 연구개
발 시스템을 개혁하였다. 3번째 개혁은 외부 컨설팅의 도움으로 시
스템화 하였다. 처음에는 직원들이 시스템 변화에 회의적이었지만,
먼저 테스트를 하고 조정과 검증을 거쳐 개혁을 점진적으로 추진
하였다.

....

1) Part 5는 吴晓波, J. P. Murmann, 黄灿, 郭斌, 华为管理变革, 北京：中
信出版, 2017.을 주로 인용하였다.

개혁의 장애물을 극복하기 위해서 3차례의 개혁은 각기 다른 권력기구에 의지하였다. 첫 번째 개혁은, 당시 화웨이 핵심지도자였던 쩡바오용(郑宝用)이 디지털 시스템의 책임자가 되었다. 두 번째 개혁에는 특수 부처를 만들어 부서를 넘어서는 협력을 성공시켰다. 세 번째 IPD(Integrated Project Delivery) 개혁 때는 IBM의 조언을 받아들여 IBM 컨설턴트에게 여러 권한을 넘겨주었다. 하지만 이런 성공에도 여러 갈등들이 발생하여 많은 핵심직원들이 회사를 떠나기도 하였다.

화웨이의 공급사슬관리 개혁은 화웨이가 현재 시스템을 구축하는 데 큰 영향을 주었다. 화웨이의 공급사슬 개혁은 두 단계로 나눌 수 있다. 1999~2003년의 통합 공급사슬(Integrated Supply Chain) 개혁과 2005년~현재까지의 글로벌 공급사슬(Global Supply Chain) 개혁이다. 통합공급사슬은 공급상, 제조상, 대리점, 소매상, 고객 간 연결의 통합망이다. 통합공급사슬은 IBM의 컨설팅을 받아 개혁하였다. 통합공급사슬 개혁의 목표는 내부 조직의 운영을 종합적으로 조직하여 공급과 수요에 맞추어 적시에 정확하게 제품을 고객에게 제공하는 것이다. 글로벌 공급사슬은 중국내뿐 아니라 해외로 연결되는 통합 공급망이다.

1. 연구개발 개혁

(1) 첫 번째 개혁 : 1991년 전 연구개발 배경

1) 홍콩 전화기 대리상으로의 시작

1987년 화웨이가 설립되었을 때 주 업무는 홍콩회사가 생산한 전화 교환기를 대리 판매하는 업무였다. 이 당시 중국 통신시장의 잠재력은 매우 컸다. 전화와 통신의 수요가 나날이 증가하는 것이 눈에 보였다. 특히 통신시설이 낙후된 농촌의 발전가능성은 무궁무진하였다.

상인들이 홍콩과 같은 경제발전 지역에서 전화 교환기를 가져와 내륙에 공급하며, 거액의 이윤을 취할 수 있었다. 이러한 대리판매로 수익을 창출한 화웨이는 자본을 모을 수 있었다. 그러나 호황은 길지 못했다. 여러 회사가 전화교환기 시장에 뛰어들어 곧 경쟁이 치열해졌다. 또한 재무적으로도 리스크가 제법 컸다. 화웨이가 받은 계약금을 다시 홍콩의 공장에 주어야 하므로 거래 주기가 길 때는 재무적인 리스크도 제법 컸다.

2) 자체 개발 전화기

상기의 문제들을 해결하기 위해 화웨이는 1990년에 먼저 자신의 브랜드를 만들고 교환기 BH01을 생산하였다. 비록 부품을 외부에서 구입하여 조립한 제품이었지만, 화웨이 경영환경에 큰 도움을 주었다. 그러나 초창기 화웨이는 선진기술이 부족했다. 따라서 33개의 서비스센터를 만들어 고객들에게 AS 서비스를 빠르게 해주어서 당시의 단점을 보완하였다.

1990년 말 화웨이는 제품개발 프로젝트를 시행하였다. 이때 화웨이는 전문적인 연구개발 부서가 없었다. 당시 화웨이의 제조방식은 타회사 제품을 분해하여 제조공정을 익히고, 다시 비슷한 제품을 만드는 방법밖에 없었다. 이는 이른바 리버스 엔지니어링 (reverse engineering)이며, 나쁘게 말하면 제품 모방을 통해 기술을 습득하는 데 집중했다. 제품의 하드웨어와 소프트웨어 개발, 제조, 테스트는 모두 하나의 프로젝트로 시행되었다. 1년에 가까운 노력 끝에 화웨이는 자체적으로 개발한 제품인 BH03을 만들었다. 1991년에 BH03은 출시됐으며 이듬해에 연간 생산액은 12,000위안을 넘어섰다.

(2) 1991~1994 비공식적 연구개발 관리시스템 설립

1) 제품개발 필요성 인식

전화교환기 위탁판매 업무가 경쟁이 치열해지고, 중국정부의 기업신용과 장비수입관련 신규정책에 따라 화웨이는 위탁판매 비즈니스를 계속하기 어렵겠다고 생각하였다. 1991년 회사는 통신설비의 자체개발을 시작하여 문턱이 비교적 낮은 통신교환기 시장부터 공략하기 시작했다. 자체개발이 없으면 생산을 통제할 수 없고, 생산을 통제할 수 없으면, 고객에 우수한 서비스를 제공하기 어려웠다. 따라서 화웨이는 시스템화된 연구개발 프로젝트를 시행할 수 있기를 매우 희망하였다.

1991년부터 화웨이는 목표를 갖고 점점 자체개발을 추진하였다. 초기에 화웨이의 모든 연구개발 프로젝트는 모두 제조부서 관할이었다. 그러다보니 제조업과 연구개발이 분리가 되지 않아 장기적인 연구를 하는데 문제가 발생했다. 시간이 지남에 따라 연구개발 기술이 복잡해지면서 연구개발 과정 중 여러 문제들이 나타났다. 1993년 화웨이는 연구개발을 제조부서와 분리하여 디지털팀을 만들어 새로운 조직구조로 연구개발 프로젝트를 관리하기 시작하였다.

연구개발의 중요성을 인지한 후 화웨이는 계속 연구개발이 전략적으로 이루어지도록 하였다. 당시 중국의 많은 회사들이 주식이나 부동산에 열광하였으나 화웨이는 그러한 유혹에 휩쓸리지 않고 연구개발에 꾸준히 투자하였다.

2) 소수의 뛰어난 개발자에 의한 연구개발

여러 노력에도 불구하고 화웨이가 지속적으로 기술개발하는데 많은 어려움이 있었다. 이러한 상황에서 런정페이는 중국 명문대학들과 적극적으로 연구개발하였고, 이런 협력과정에서 점점 많은 명문대학생들을 채용하였다. 이러한 연구개발 전략은 상당한 효과를 거두었다. 1992~1994년간 회사의 연매출이 1억 위안에서 8억 위안까지 증가하였다. 특히 이 기간에 기술역량이 크게 성장하였다. 1991년 화웨이는 첫 공간 분할 교환기인 HJD48을 만들었는데, 이 제품은 전자회로 공간을 효율적으로 이용하면서 용량은 증가하고 원가는 낮추었다. 이 제품으로 인해 화웨이의 기술 발전은 더욱 탄력을 받았다. HJD48은 출시된 지 2년 만에 1억 위안의 판매수입을 올렸다. 이러한 성공은 화웨이 연구개발 직원들에게 자신감과 열정을 갖게 했다.

이 시기에 통신 운영상과의 거래도 늘어났다. 통신운영상들은 일반고객보다 교환기 성능에 대한 요구사항이 더 많고 복잡했다. 만약에 화웨이가 초창기 연구개발 능력만으로 이에 응대하려 했으면 불가능했을 것이다. 하지만 끊임없는 노력으로 통신 운영상의 요구사항을 맞춰줄 수 있었으며, 이러한 기술발전은 화웨이 성장에 밑거름이 되었다.

이 당시 신제품개발은 소수의 정상급 기술자들에 의존하였다.

그들은 여러 제품개발 프로젝트에 동시에 투입되었다. 대부분의 연구개발 직원들은 대학을 갓 졸업하여 실무경험이 부족하였다. 많은 직원들은 통신기술에 대한 기본지식도 없었다. 당시 화웨이는 소프트웨어와 하드웨어 연구개발 수준이 매우 낮았으며, 여러 기술 분야에서 문제가 자주 발생했다. 예를 들어 교환기의 하드웨어에 제습기능이 없었다. 따라서 광동(廣東) 등의 지역에서 습한 날씨에 많은 교환기가 고장이 났다. 이와 같이 당시 연구개발에서 시행착오가 많았다. 프로젝트 진행은 현장에서는 계획대로 되지 않는 경우가 많았고, 임기응변으로 해결되는 경우가 많았다.

(3) 두 번째 개혁: 연구개발과 제조의 분리

1993년 전에는 BH01과 BH03 프로젝트의 연구개발은 모두 제조부서에서 관할하였다. 그 당시 화웨이의 제조량은 적어서 1대를 생산하면 1대를 발송하였다. 따라서 연구개발과 제조부서가 명확하게 구분되어 있지 않았다. 디지털 제어교환기 C&C08프로젝트 진행 시 프로젝트 팀은 여전히 제조부서에 속해 있었다. C&C08프로젝트는 이전의 연구개발 프로젝트보다 기술 복잡도나 팀 규모 측면에서 상위 단계였다. 구체적으로는 약 300명의 연구개발 직원들이 프로젝트에 투입됐고 50개가 넘는 프로젝트가 해당 프로젝트 안에 있었다. 따라서 1993년에 해당 프로젝트를 제조부서에서 독립시켜 새로운 디지털팀을 만들었다. 또한 관리자는 해당 제품을 7개의 핵심기술로 나누어서 각각 기술분석을 실시하였다. C&C08프로젝트의 성공은 디지털팀이 복잡한 연구개발 프로젝트 관리도 가능하다는 것을 보여준 계기가 되었다.

연구개발팀의 프로젝트 관리자는 높은 기술력과 관리 능력을 동시에 가져야 했다. 한 명의 프로젝트 관리자는 몇 명의 연구개발 엔지니어와 같이 일했다. 프로젝트 관리자는 모든 기술을 책임질 뿐 아니라 프로젝트 관리업무도 하여야 했다. 연구개발 직원들의 교육과 지식공유를 촉진하기 위해, 화웨이는 비공식적인 조직학습 시스템도 만들었다.

또한 화웨이는 연구개발자들을 조직내에서 순환시켜 자신이 만든 제품의 생산, 마케팅, 판매 업무를 하도록 하였다. 즉, 화웨이는 연구개발 관리과정 중 제품에 따른 인재이동 시스템을 만들었다. 신제품 개발 이후 프로젝트 관리자는 생산, 마케팅, 판매 부서로 이동한다. 1994년 화웨이는 C&C08을 대규모 생산하고 판매한 후, 이 프로젝트의 연구개발 직원을 판매, 생산, 구매 부서로 이동시켰다.

(4) 1995~1998 연구개발 관리 시스템 설립

1) 개혁 필요성 인식

당시 중국 통신설비시장은 경쟁이 치열했다. 특히 전통적 교환기시장은 경쟁이 매우 치열하여 제품가격이 점점 낮아졌고, 이에 따라 회사이윤은 점점 줄어들었다. 또 수요측면에서는 인터넷과 이동통신이 발전하면서 시장수요는 점점 다양해졌다.

경쟁력을 유지하기 위해 화웨이는 제품개발 전략을 단일화에서 다양화로 전환하였다. 이에 따라 연구개발 관리는 더욱 복잡하게 되었다. 1995년 C&C08프로젝트의 기술성과에 자신감을 얻은 화웨이는 스마트 플랫폼, 무선 엑세스, 칩 설계 등 새로운 연구개발 프로젝트를 시작하였다. 이러한 신프로젝트는 모두 새로운 기술영역이며 매우 복잡했기에, 기존의 디지털팀이나 제조부서에 들어가기 어려웠다.

한편 당시 화웨이 연구개발 시스템에는 부서간 기술공유와 협력이 부족하여 문제가 있었다. 이때 연구개발 활동은 각기 다른 연구개발팀이 독자적으로 완성하였고 프로젝트 팀간에 기술교류가 없었다. 결과적으로 부서간 중복적인 연구를 하기도 하고, 같은 모듈이나 기능이 서로 다른 프로젝트 팀에서 중복적으로 개발되기도 하여, 연구개발이 비효율적이었다.

또한 화웨이는 신기술개발이 굉장히 취약했고, 특히 무선제품의 개발은 어려움을 겪었다. 기술축적도 적었고, 인적자원도 부족했다. 무선제품개발 팀은 프로젝트 관리, 제품 시스템설계, 테스트 등에서 역량이 부족했고, 연구개발은 매우 느렸다.

2) 중앙연구부서 설립

1995년 연구개발 역량을 업그레이드하기 위해, 화웨이는 회사의 모든 프로젝트 팀에 중앙연구부서를 만들었다. 중앙연구부서 아래에는 총체반(总体办), 간부처(干部处), 기획처(计划处), 소프트웨어 공정부(软件工程部), 기초연구부(基础研究部)와 4개 업무부서가 있었다. 각 업무부서는 해당 제품의 성공뿐만 아니라 미래의 기술전망을 보고 장기적인 연구를 진행했다. 중앙연구부서는 화웨이의 제품과 기술이 해당분야에서 선도 역할을 하게 만들었다. 각 업무부서 아래에 2급의 총체반을 설립하여 해당분야의 기술계획을 실행하였다. 주목할 만한 것은 각 업무부서 아래에 하나의 공통적인 기술 플랫폼을 설립했다는 점이다. 이는 전문적으로 해당 업무부서 내에서 각 제품 부서의 공통기술을 공유할 수 있는 플랫폼이었다.

간부처는 중앙연구부의 인사처이다. 연구개발 직원의 관리를 전문적으로 하는 부서이다. 연구개발 직원의 채용, 교육, 연봉시스템 관리와 설계를 맡는다. 연구부서는 빠르게 확장되었고, 관리상 특수성이 있었다. 예를 들어 연구개발 엔지니어의 연봉수준은 일반적으로 일반직원보다 높다. 어떤 때는 부서 관리자보다도 높았다.
이를 관리하기 위하여 중앙 연구부서의 간부처는 각 업무부서의
기술 책임자 중에서 차출하여 중앙연구부서의 인력관리를 전문적
으로 전담하였다.

당시 소프트웨어 프로젝트 관리자는 소프트웨어 프로그래밍
기준을 제정해야 한다고 주장하였지만, 이에 대해 관심을 갖는 사
람은 적었다. 이는 각 팀은 제품 출시에만 관심이 있고, 제품품질
에는 별 관심을 두지 않았기 때문이다. 그래서 문제가 발생하면,
해당 문제만 해결하는 방식이었다. 그러나 런정페이는 소프트웨어
테스트를 매우 중요하게 여겼다. 따라서 1995년 중앙연구부서에
소프트웨어 프로젝트부서를 설립하여 소프트웨어의 품질을 테스트
하고 통제하는 업무를 맡게 하였다.

중앙연구부서 설립은 화웨이 연구개발관리의 시작이었고, 기
술 관리능력은 대폭 업그레이드되었다. 이로 인한 가장 주목할 만
한 변화는 첫째, 권력이 아래로 이양된 것이다. 정책권이 분산되어
각 업무부서로 이양되었다. 각 업무부서에, 2급 총체부서를 설립하
여 해당 분야의 기술계획을 실행하였다. 둘째, 조직구조가 명확해
져 각 단계별로 통제할 수 있게 되었다. 위에서 아래까지 기획층,
관리층, 통제층, 실행층이 생겼다. 그 외에도 중앙연구부서는 화웨
이가 전국 각지에서 연구 네트워크를 확장하도록 할 수 있었다. 이
러한 연구부서의 발전으로, 화웨이의 기술과 인재활용이 비약적으
로 도약하였다. 이후 화웨이의 연구개발 제품과 연구개발관리 개혁
은 모두 선전(深圳)의 중앙연구부서에서 시작하였다. 각지의 연구
소 책임자, 기술 관리자들은 모두 중앙연구부서출신이 되었다. 중
앙연구부서에서 연구개발한 프로젝트들이 제품테스트를 거쳐, 다
른 연구소로 그 성과가 확산되게 된다.

또한 중앙연구부서 설립 후 부서 간의 협력과 교류가 더욱 원활해졌다. 예를 들어 무선업무부서를 발전시키기 위해 중앙연구부서는 교환업무부서의 전문가들을 무선업무부서로 보냈다. 동시에 중앙연구부서는 무선업무부서가 교환업무부서의 소프트웨어와 하드웨어를 마음껏 이용하도록 하였다. 프로젝트 관리에 대해, 무선업무부서는 다른 업무부서의 성공노하우를 배웠다. 중앙연구부서의 총체적 관리하에 성공한 업무부서의 경험과 도움을 제공받아 무선업무부서도 빠르게 성장할 수 있었다.

3) 중앙검사 부서의 제품 품질 보장

또 다른 중요한 변화는 제품검사(테스트)부서의 설립이다. 초기에 화웨이는 제품개발만 중요시하고, 제품테스트를 소홀히 하였다. 한 제품을 개발한 후 연구개발 엔지니어는 스스로 테스트한다. 만약 테스트단계에서 문제가 없을 시, 시제품을 생산부서에 보내어 생산하게 하였다. 엔지니어 혼자서 테스트한 제품을 대량생산하는 단계에서 문제가 빈번히 발생했다. 만약 생산과정 중 불량률이 높으면, 납기일을 못 맞추기도 하였다.

따라서 1995년 화웨이는 중앙검사부서를 만들어서, 제품품질을 향상시켰다. 처음에는 부서원 30명으로 출발했다. 중앙연구부서는 대부분 학부졸업생으로 연구개발 업무를 수행하였는데, 품질보증을 위해 중앙검사부서는 주로 박사생으로 구성되었다. 따라서 중앙 검사부는 화웨이에서 박사가 제일 많은 부서였고, 그만큼 화웨이는 제품테스트에도 신경쓰기 시작하였다.

4) 프로세스의 변화

중앙연구부서 설립 전, 프로젝트 관리자는 모든 기술관리와

표 1 매트릭스(행렬식) 관리

	교환기업무부	스마트업무부	무선업무부	신사업부
총체반	교환총체반	스마트총체반	무선총체반	신사업총체반
간부부	교환간부부	스마트간부부	무선간부부	신사업간부부
계획처	교환계획처	스마트계획처	무선계획처	신사업계획처
하드웨어부	교환하드웨어부	스마트하드웨어부	무선하드웨어부	신사업하드웨어부

프로젝트관리를 동시에 하기 때문에 프로젝트 관리자의 능력이 매우 중요했다. 하지만 화웨이 연구개발 프로젝트의 규모가 나날이 커감에 따라 프로젝트는 점점 복잡해졌다. 이는 프로젝트 관리자의 개인역량을 뛰어넘었고, 기술발전의 지체를 가져왔다. 이외에도 많은 프로젝트 간의 분배/분담은 그리 이상적이지 못했다. 따라서 중앙연구부 설립 후 화웨이는 매트릭스(행렬식) 관리를 하기 시작했다. 이 후 위의 문제들은 많이 해결되었다.

비록 화웨이의 행렬식 관리가 비교적 성공을 이뤘지만, 일부 기업의 행렬식관리는 실패로 끝나기도 하였다. 왜냐하면, 행렬구조는 복수상사의 지휘를 받기 때문이며, 명령체계가 다원화되어 직원들이 혼란을 겪을 수 있다. 행렬식 관리의 잠재적 문제 발생을 막기 위해 화웨이는 다양한 정책을 제시하였다.

첫째, 화웨이는 부서들을 감독하고 협력하게 하는 상위협력조직을 만들었다. 이는 중국정부조직에서 보여지는 중앙 컨트롤타워 팀과 같다. 신설된 팀은 중앙연구부서 총재와 각 부서의 관리자로 이루어졌다. 여러 부서와 관련된 프로젝트 팀과 각종 부서는 동시에 중앙 컨트롤타워의 감독을 받았다.

둘째, 화웨이는 프로젝트 계획과 일상 경영계획에 통일된 규정을 세웠다. 부서간에 충돌할 수 있는 임무는 충돌을 피하게 배정하였고, 규정을 우선 지키게 하였다. 이렇게 함으로써 프로젝트의 완성도를 높일 수 있었고, 시스템평가도 더욱 개선되어졌다.

프로젝트 관리를 개선하기 위해 1996년 화웨이는 약 1,000명의 MBA출신을 직원으로 고용하였다. 이들 중 대부분은 중앙연구부서에서 근무했다. 그들은 조직관리방안 연구에 힘썼고, 기술전문가와 경험을 나누었다. 그들은 화웨이 기술 프로젝트팀 관리개선에 주력했으며, 이들의 노력으로 화웨이의 관리철학이 실현되었다. 기존의 조직시스템에 새로운 피를 수혈하여 장점을 취하고 단점을 보완하여 기업의 역량을 키웠다.

5) 중앙검사부서의 확장

1996년 당시 중앙검사부서의 규모는 약 300명이었고 중앙연구부서는 약 600명이었다. 중앙검사부서의 역할은 대량생산되는 제품의 품질문제를 해결하는 것이었다. 화웨이는 제품품질을 관리해야 한다고 생각하였고, 96년 중앙검사부서는 아래의 목적으로 부서들을 증설하였다.

첫째, 가공실험센터로 신제품의 가공설계를 맡아 대량생산의 효율을 높이고 생산원가를 낮춘다. 둘째, 장비연구개발센터로 생산라인의 연구제작, 도입, 집성 등을 맡는다. 셋째, 재료 품질 테스트센터로 대량생산의 재료품질을 검사하고 보증한다. 넷째, BOM(재료목록)센터와 기술행정센터로 BOM(재료목록)과 기술문서에 대한 관리를 맡는다.

제품개발과정과 성과에 기록된 데이터는 기업의 각 IT시스템의 중요한 기초데이터가 되었다. 1998년 화웨이는 생산통계를 정리했었는데, 제품수치에서 대량의 오차가 발생하여 많은 원재료를 낭비하게 되는데 그 손실이 4,000만 위안에 달했다. 또한 제품수치의 오차로 납품수량도 잘못되어 거액의 손실이 발생했다. 이러한 사태의 재발을 막기 위하여 1998년 11월 화웨이는 데이터관리센터

를 새로 설립하였다. 1998년 말 중앙검사부서의 직원은 약 700여
명이 되었고 당시 중앙연구부서의 직원은 1,800명이 넘었다.

6) 장기 연구개발

통신산업은 개발주기가 길어 투자액이 크고 경쟁이 치열한 것
이 특징이다. 화웨이의 기술 트렌드를 단계별로 분석하면 다음과
같다. 1993~1997년 화웨이는 디지털 교환기 C&C08 인텔리전트
네트워크, 송신, 통신망 등 제품의 연구개발에 투자하고, 괄목할 만
한 성과를 이루어 내기는 하였지만 매년 실패한 투자규모도 매우
컸다. 이전에는 신제품의 개발은 통상적으로 회사 지도층이나 전략
기획실에서 결정했다. 실무진이 결정하는 것이 아니다 보니 기술과
시장 잠재력에 대한 평가가 현실적이지 못했다. 그 외에도 차기 제
품이 화웨이의 장기적 발전에 도움이 될지 평가하기가 어려웠다.

1998년 화웨이의 연 매출은 89억 위안에 달했고 직원은
8,000명이 되었다. 규모가 확장됨에 따라 화웨이는 국제시장에 진
출하기 시작했다. 1998년에 국제 제품부를 설립했다. 과거에 화웨
이는 팔로워였고 선도기업의 발자취를 따라가기만 하면 되었다. 이
때부터 화웨이는 팔로워를 탈피하여, 조금씩 시장을 선도하는 리더
가 되고 있었다. 그리고 화웨이가 롤모델로 삼을 수 있는 기업이
많지 않았고, 스스로 통신산업을 선도해가기 시작했다. 따라서 화
웨이는 좀 더 장기적인 계획과 최소 5년의 기술변화를 예측하여야
했다.

또한 이전에는 해당산업의 기술표준을 제정하거나 바꿀 수 있
는 지위는 아니었다. 1993년 화웨이가 C&C08교환기와 GSM 프로
젝트에 임할 당시 기존의 기술표준을 학습하기만 하면 됐다. 해당
제품이 이 표준에 맞는 지만 확인하면 되었다. 하지만 화웨이는 빠

르게 성장하여 영향력이 커졌고, 기술표준을 직접 제정할 수 있는 지위가 되었다. 특히 중국내 통신표준을 제정하는 데 있어서, 시장에서 독보적인 지위를 확보하였다.

따라서 1998년 말 화웨이는 기초연구부서를 만들었다. 이 부서는 중앙연구부의 하위부서로 미래 기술을 예측하고 연구 개발하는 부서이다. 1995년부터 화웨이는 매년 예측연구비용에 2,000만 위안 이상씩 투자하였다.

기초연구부는 두 가지 업무를 수행하였다. 첫째, (검증가능한) 기술을 개발한다. 만약 어떤 기술이 제품개발 전에 검증이 안 되었으면, 모든 개발과정은 통제할 수 없게 된다. 품질에서도 문제가 생길 수 있다. 따라서 기술개발 시 완전하게 검증할 수 있을 때까지 연구한다. 둘째, 화웨이에 속한 특허와 표준을 최대한 많이 확보한다. 기초연구부는 통신부문에 관련된 표준을 제정할 연구를 시작하였다. 특히 2003년 시스코와 지적재산권 소송 이후, 특허를 많이 소유하는 것이 더욱 중요함을 느꼈다. 기초연구부의 직원은 관련 국제기술학회, 기술협회와 표준조직에 열심히 참여하여, 경쟁상대의 최신 기술정보도 얻고, 적극적으로 중국내 표준제정에 참여하였다. 이러한 노력은 현재 미국의 제재에도 화웨이가 크게 위축되지 않을 수 있던 힘이 되었다.

화웨이 신기술의 혁신과 응용은 이러한 연구예측 시스템에 도움을 주었다. 예를 들어 업계의 3G가 아직 상용화되지 않았을 때, 화웨이는 이미 4G, 5G를 연구하고 있었다. 다른 외국회사와 비교했을 때, 화웨이의 미래지향적 연구는 리스크방지 수단이라고 볼 수 있다. 왜냐하면 미래지향적 연구단계에서 관련된 기술, 협력회사, 비즈니스 전망 등 방면에서 심도 있는 분석을 마쳐서 기술과 시장의 불확정성을 낮추기 때문이다. 화웨이의 연구개발 프로세스는 먼저 기초연구부터 시작해서 기술개발을 하고 마지막으로 제품개발 단계에 들어선다. 프로세스단계가 심화됨에 따라 프로젝트도 점점 성숙된다. 미래지향적 연구시스템의 설립은 신제품개발의 성공률을 높였다. 2009년까지 중앙 연구부서는 80%가 넘는 직원이 기초연구부에서 나온 프로젝트를 수행하였다.

"화웨이 장점은 현 단계를 뛰어넘는 기술단계를 일찍부터 준비한다는 점이다. 최근에서야 5G가 상용화되었지만, 화웨이는 이미 6G 상용화를 연구하고 있다."

2019년 10월 2일 길림신문의 내용을 소개하고자 한다. 2019년 9월 28일 오전, 화웨이(华为) 첫 세계 플래그십몰(旗舰店)이 심수에서 개업했다. 여기에서 소비자들은 5G＋AI환경에서 스마트기기를 체험할 수 있다. 화웨이는 5G와 6G의 개발을 병행한다고 발표한 바 있다. 그러나 6G를 규모화 사용하려면 아직은 오랜 시일이 걸릴 것이라고 했다. 화웨이 소비자업무 CEO 위청동은 이 같이 말하면서 "6G는 연구 중이며 응용하려면 10년 시간이 걸린다. 현재 기술연구, 표준연구를 하고 있으며 아직 상용단계에 들어서지 못했다"고 밝혔다.[2]

그럼 무엇이 6G이며 6G와 관련 되는 연구는 어디까지 왔는가? 6G의 관건적 핵심기술은 무엇인가? "6G시대에서는 비행안전에 영향이 없이 비행기에 앉아 인터넷을 접속할 수 있다. 등산가가 등산할 때 위험에 처할 경우 실시간으로 위치정보와 구조신호를

---

2) http://yanbianews.com/bbs/view.php?pid＝&id＝total&page＝1&sn1＝&divpage＝2&sn＝off&ss＝on&sc＝on&select_arrange＝headnum&desc＝asc&no＝5515 인용.

보내야 할 때 지연현상이 나타나지 않는다. 해상 운행에서 선상의 인원들은 육지와의 연결이 끊어질까봐 걱정할 필요가 없다. 6G가 실시간 통신을 보장하기 때문이다." 이는 남경항공항천대학 전자정보공정학원 상무부원장 오계휘가 묘사한 6G이다. 위성, 항공플랫폼, 선박을 통해 설치한 공(空), 천(天), 지(地), 해(海)를 연결시키는 통신네트워크이고, 이 네트워크를 지지해주는 핵심기술이 바로 6G이다. 6G네트워크는 지면통신, 위성통신, 해양통신을 일체화한 통신세계로서 사막, 무인지역, 해양 등 지금 이동통신이 닿지 못하는 '사각지역'에까지 신호를 연결할 수 있다.

오계휘 상무부 원장은 "6G네트워크 속도 또한 5G보다 100배 빠르다. 매초에 1B인데, 이는 영화 한편을 다운받는데, 1초면 완성된다는 뜻이다. 무인운전, 무인기 조작도 매우 자유로워지며 사용자는 버퍼링을 느끼지 못한다"고 설명했다.

중국전자학회 통신분회 주임위원이며 남경우정대학 사물넷학원 원장 주홍파는 1G에서 4G시대는 통신기술의 소비형응용이며 5G 이후에는 산업형 응용이라고 설명했다. 예를 들면 공업인터넷, 자율주행 등에 사용한다.

주홍파 주임위원은 "6G의 범주에 대해 현대학계는 확고한 관점을 가지고 있다. 5G는 주로 공업4.0을 위해 전기의 기초건설을 하는 것이고 6G는 구체적인 응용방향으로서 현재 탐색단계에 있다"고 밝혔다.

전문가들은 6G는 공간통신, 스마트상호 연결, 사물인터넷, 전자율주행 등에 상용될 것이라고 인정했다.

(5) 세 번째 개혁:

1999~2004 IPD(Integrated Project Delivery) 개혁

1) 개혁의 필요성 인식

1999년까지 화웨이는 10년간 시장점유율과 기술수준에서 비약적으로 성장하였다. 화웨이의 제품계열은 유선전화 통신설비에서 무선설비, 인텔리전트 네트워크, 데이터통신, 송신제품 등 종류도 다양해졌다. 1998년 화웨이의 매출은 89억 위안이고, 1999년엔 120억 위안이다. 직원 수는 1998년 9,500명에서 1999년에 15,000명으로 늘었다. 그러나 연구개발 시스템은 확장된 회사의 규모를 따라가지 못했다. 아래의 세 가지 측면에서 연구개발 시스템에 문제가 발생하기 시작했다.

첫째, 끼어들기식 연구개발로 제품이 급하게 출시되었다. 1997년 전에는 제품 연구개발이 중앙연구부서 주관이었다. 전통적인 끼어들기방식으로 작업을 하였기 때문에, 연구개발 직원들이 먼저 설계를 하고 사용자들이 피드백을 한 후 수정을 하였다. 연구개발 직원들은 성능만을 강조하여 편의성과 지속성은 간과하였다. 그러나 고객이 사용하는 데 불편함을 느껴 제품을 다시 만들게 되면 설비운영이 비효율적일 뿐 아니라 연구개발 주기도 길어지고 고객에게 주는 이미지도 나빠졌다.

둘째, 제품라인이 길어져서 시장의 반응속도가 점점 느려지고, 제품 납품기한에 맞추기 어려워졌다. 1997년까지 화웨이는 기존 백 개의 제품을 동시에 연구개발하였다. 이러한 제품의 연구개발은 모두 시장수요에 맞춰야 했는데, 시장의 요구는 점점 더 복잡해졌다. 중앙연구부서의 총책임자는 고객 요구사항 등으로 매일 100통이 넘는 이메일을 받았다. 연구개발부서 관리자는 아침부터 저녁까지 고객들에게 전화를 받았다.

셋째, 연구개발 시스템 규모의 확장속도가 너무 빨랐다. 당시 연구개발 시스템을 빠르게 확장하느라 대학을 갓 졸업한 젊은 인력들이 화웨이로 한꺼번에 많이 들어왔다. 출중한 인재들은 연구개발부서의 핵심엔지니어로 빠르게 성장하였다. 하지만 사회경험이 없는 젊은 엔지니어들은 연구성과를 중시하고 상품화의 중요성을 간과하였다.

이러한 문제들로 1997년 말, 런정페이는 IBM을 방문하여 회사 시스템부문에 대한 컨설팅을 받기로 결정하였다.

2) 개혁: 3가지 시험 프로젝트

1999년 2월, 화웨이는 정식으로 IBM회사에 컨설팅을 받기로 하고 IPD(Integrated Project Delivery)개혁 프로젝트를 실시했다. IPD 프로세스의 핵심은 '제품 연구개발은 일종의 투자행위이다'였다. 따라서 연구개발은 기술부문이 주도하는 것이 아니라 마케팅부, 재무부 등의 부서가 공통으로 연구개발과정에 참여했다. IPD 프로세스 중 제품 연구개발은 개념 – 계획 – 개발 – 테스트 – 출시 – 생명주기의 6단계로 나누었다. 그 중 앞의 두 단계인 개념과 계획 단계는 주로 제품의 시장수요와 상업가치를 판단하는 단계이다.

화웨이는 최종적으로 무선, 브로드밴드, 송신제품의 3개 프로젝트 부서를 시범으로 정하였다. 당시 새로운 시스템으로 제품 개발팀을 관리하였다. 우선 이전에는 자원부서는 모두 연구개발부서의 하위부서였다. 그러나 IPD의 행렬에서는 자원부서는 모두 연구개발부서 외의 마케팅부, 생산부, 고객서비스 부서로 갔다. 또한 연구개발 부서에서만 독자적으로 연구하던 이전과 달리 회사의 각 부서가 참여하는 개방형 시스템으로 바뀌었다.

그 외에도 이전에는 제품 관리자 대부분이 연구개발부서에 있었는데, 이제는 마케팅부의 직원이 제품 관리자를 맡도록 바뀌었다. 2000년 5월 무선사업부에 이 팀의 제품관리자는 과도기적으로 연구개발부서 근무경력과 시장부서 근무경력이 있는 직원이 맡게 되었다. 두 번째에는 연구개발 경험이 없는 시장부의 직원이 맡았다. 즉, 연구개발이 독자적으로 행해지던 이전과 달리 시장성을 검증받으며 연구개발하도록 개혁하였다.

3) 연구개발 IT 시스템

과거에는 화웨이 내에서 지식공유가 무질서하고 불규칙적이었으나, 이를 시스템화하여 효율적으로 바꾸었다. IPD 프로젝트의 일환으로 화웨이는 "IT 연구개발 시스템"을 설립하였다. 이는 직원들 간의 협력과 연구 자원의 공유를 위한 플랫폼이다. 이전에 화웨이 직원들은 서로 인편을 통해 정보를 공유하였다. 암묵지를 전달하는 방식으로 그들은 상사에게 도제식으로 일을 배웠다. 만약 신입사원에게 문제가 생기면 선임에게 도움을 요청하는 방법밖에 없었다. 한편 선임 입장에서는 모든 것을 다 알려주면 본인 지위에 위기가 올까봐 잘 알려주지 않는 경우도 있었다. 또한 업무에 치여, 모든 지식을 다 알려줄 만한 시간도 부족했다. 이를 개선하기 위하여 화웨이는 다음과 같은 개혁을 시도하였다.

첫째, 직원들에게 온라인으로 지식공유의 통로를 제공하였다. 신입직원은 단기적으로 많은 지식을 습득해야 한다. 예를 들어 복잡한 개발플랫폼과 도구들의 사용들을 알아야 한다. 연구개발 지원 시스템을 통해 그들은 각 분야 전문가들의 도움을 빠르게 받을 수 있었다. 먼저 직원이 질문을 하면, 전문가가 온라인으로 답해준다. 만약 문제가 복잡해서 전문가 팀도 처리하지 못하는 것이면, 다른 해결책을 제시해주었다. 이 외에도 화웨이 기술자료를 보존하기 위하여 전문가들은 정기적으로 공급상 사이트에서 기술정보와 교육자료를 다운받아서 직원들이 열람할 수 있도록 하였다.

둘째, 직원들의 문제해결 경험을 공유하도록 하였다. 시스템 지원 전문가들은 일정기간 내 모든 문제를 해결해야 했다. 그들은 자주 묻는 질문에 대한 답을 미리 만들어서 제공하였다. 이러한 프로세스와 노하우들을 모두가 열람할 수 있게 하였다. 동시에 시스템 지원팀이 일상업무 중 얻은 노하우들을 모든 직원에게 공유하도록 하였다.

4) 피드백에 기초한 조정

테스트 검증 후, 체계화된 프로세스들이 관리상 여러 문제를 해결하여 품질관리가 더 쉬워졌다. 제품개발의 각 단계별로 연구개발 직원이 반복적으로 잠재적 문제를 확인했기 때문에, 이후 각 제품품질이 대폭 향상되었다. 또한 이를 문서화하였기 때문에 제품의 보존과 관리가 쉬워졌다.

하지만 검증프로젝트를 시작했을 때는 이러한 장점들이 아직 확실하지 않았다. 개혁 전에는 하나의 버전을 만드는 데 1개월의 시간이 걸렸다. 그러나 개혁 후에는 반년에서 1년의 시간이 걸렸다. 제품품질은 겉보기에는 달라진 것 같지 않았을 뿐만 아니라, 시장반응 속도가 매우 느려졌다. 따라서 초기에는 개혁된 검증프로세스에 대해 직원들이 회의를 갖기도 하였다. 하지만 장기적으로 보면, IPD프로세스는 전체적인 제품개발 주기를 단축시켰다. 왜냐하면 IPD는 시간이 오래 걸리더라도 한 번에 제대로 물건을 만드는 것을 강조했기 때문이다. 과거에 화웨이가 짧은 시간에 설계와 제품개발을 하고 긴 시간을 들여 수정한 것과 달리, 개혁 후

에는 한 제품을 만들 때 철저한 검증까지 마쳐서 시장, 생산, 소비
자를 모두 만족시켰다. 검증프로젝트 후 제품은 점점 더 안정화되
었다.

그 외에도 IPD체계에 기반하여 화웨이의 연구개발 능력은 점
점 좋아졌다. 제품 연구개발 주기는 2003년의 84주에서 2007년에
는 54.5주로 단축되었다. 또 연구개발 관리 능력이 제고되었다. 이
전에는 3,000명의 연구개발 직원들을 모두 관리하는데 어려움을
겪었지만, IPD시스템 도입후 7만 명의 연구개발자들도 쉽게 관리
하게 되었다. 프로세스 체제는 화웨이 시스템이 인치(人治)에서 법
치(法治)로 효율적으로 관리할 수 있도록 만들어줬다.

(6) 2005년~ 현재: 글로벌 리더십 구축

1) 각지 연구개발 기구의 글로벌 인재 영입

글로벌 시대에 정체하지 않고 지속적인 성장동력을 갖는 것은
화웨이의 숙제였다. 2016년까지 화웨이는 이미 15개의 해외 연구
개발센터를 세웠다. 전 세계에 퍼져있는 화웨이 연구개발센터는 화
웨이가 선진기술을 습득할 수 있도록 도와주었다. 가장 중요한 것
은 화웨이는 이러한 연구소를 통해 세계 각지의 인재들을 흡수하
고 있다는 점이다. 2015년 3월 화웨이는 파리에 '미학연구센터'를
세웠다. 미학연구센터의 설계팀은 팔찌, 손목시계 등을 디자인하였
다. 이 팀은 10명의 우수한 디자이너로 구성되어 화웨이에서 가장
작으나 가장 힘있는 팀으로 알려져 있다. 러시아연구소에서는 세계
일류의 수학자들을 고용하였다. 그들은 2G와 3G의 기술상 계산을
해냈다. 중국과 해외에서 모든 연구소는 실무를 백업하기 위해서
설립되었다. 2016년까지 화웨이는 36개의 연합 혁신센터를 세웠
고, 많은 고객들과 기술협력을 이루었다.

2) 5G 표준화 정립

2012 실험실은 화웨이에게 미래기술의 혁신플랫폼을 제공해 주었다. 연구범위는 머신러닝, 자연어 처리, 5G통신기술, 신소재 등 여러 영역이다. 혁신을 강화하기 위해, 2012 실험실은 독립적으로 운영된다. 그들은 바로 CEO에게 보고하며, 독립성과 자유를 보장받는다. 통신설비 회사들은 연구성과가 소비자의 수요를 앞서야 하므로 경쟁은 전쟁터 같고, 미래예측은 도박과 비슷하다. 따라서 연구에 투자를 아끼지 않아야 제품이 미래를 이끌 수 있다. 따라서 화웨이는 줄곧 미래의 문을 여는 연구를 치열하게 하고 있다.

최근 화웨이는 5세대(5G) 표준 정립에 힘을 쏟고 있고, 표준화를 통해 영향력을 확대하고 있다. 통신네트워크 인프라 기업들 중, 2020년 현재까지는 화웨이가 5세대(5G) 표준 정립에 대한 기여도가 가장 높은 것으로 나타났다. 2020년 3월 26일 스트래티지 애널리스틱스(SA)는 화웨이와 에릭슨, 노키아, 삼성, 등 13개 기업을 대상으로 '이동통신표준화기술협력기구(3GPP)'의 5G 표준 정립 과정에 대한 기여도를 분석한 결과를 발표했다.

수 러드 스트래티니 애널리틱스 네트워크 및 서비스플랫폼 담당 이사는 "화웨이 등 주요 네트워크 인프라 공급업체가 다른 기업에 비해 5G 표준 정립에 상당한 기여를 하고 있다"며 "특히 화웨이는 엔드 투 엔드 5G 표준화 관련 모든 평가영역에서 좋은 평가를 받아 기여도가 높음을 알 수 있다"고 말했다. 아직 5G의 인프라가 완전하게 갖춰지지 않았으므로 표준 정립에 대한 기여도는 5G시장의 점유율로 이어질 수 있다.

평가 항목은 제출된 5G 논문 중 무선기술규격그룹(TSG)과 워킹그룹(WG)에서 승인받은 수, 전체 제출된 논문 중 승인된 5G 논

그림 1 5G RAN Global Competitive Landscape

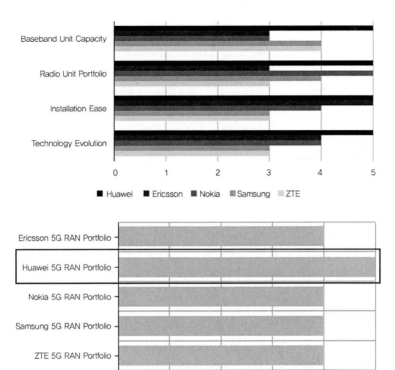

출처: 글로벌데이터(시장조사기관),
　　　https://news.naver.com/main/read.nhn?oid=138&aid=0002081836 참조.

문 비율, TSG와 WG 의장직 수행 경험, TSG 및 WG 5G 조사위원
수행 경험 등 5가지다. 그 중 화웨이는 5G 논문 제출 수, 제출된
논문 중 TSG와 WG에서 승인받은 수, TSG 및 WG 5G 조사위원
수행 경험 등 3가지 부문에서 10점 만점을 받아 전체 평점 9.6점으
로 1위에 올랐다. 그 뒤로 에릭슨이 평점 8.2점으로 2위에 올랐으
며 노키아(6.8점)와 퀄컴(4.4점)으로 뒤를 이었다. 삼성전자는 3.5점

을 받아 6위에 올랐다.[3]

또한 시장조사기관인 글로벌데이터의 5개 기업 비교 보고서에서 '2019년 하반기 5G 무선접속네트워크(RAN): 경쟁구도 평가' 1위에 선정되었다.[4] 기저대역 유닛(BBU)용량, 무선통신 포트폴리오, 설치 용이성, 기술 진화 등 4개 항목에서 모두 최고점인 5점을 받았다.

3) 중국 주요도시에 실내형 5G 대용량 MIMO운영

최근 화웨이는 차이나유니콤과 공동 컨퍼런스를 열고 중국 주요 도시에 5G 인도어 분산형 대용량 다중입출력장치 솔루션을 구축, 운영하고 있다고 밝혔다. 5G 인도어 분산형 대용량 다중입출력장치는 실내 네트워크에 5G 대용량 다중입출력장치 기술을 적용해 5G 용량을 대폭 늘리는 방법이다.

지난 3월 중국 정부가 발표한 신규 인프라 요건에 따르면 원격 의료 및 교육, 온라인 회사 등 수직 산업용 애플리케이션 촉진과 새로운 비즈니스 모델 탐색을 위해 더욱 확장된 기능을 제공하는 5G 네트워크가 필요하다는 지적이 나오고 있다. 이 때문에 중국 정부는 차별화된 산업용 애플리케이션과 장기적 산업 발전을 지원하면서 5G 실내 커버리지를 확보하는 것이 급선무로 꼽혔다.

5G 인도어 분산형 대용량 다중입출력장치 솔루션은 화웨이의 '5G 램프사이트 디지털 인도어 시스템(5G DIS)'에 기반해 개발됐다. 다중 디지털 실내형 헤드엔드 간의 동적 조정을 통해, 실내 네트워크 용량은 확장 가능하고 데이터 트래픽 변화에 자동으로 적용된다. 셀 분할 방식에 비해 간섭과 수동 네트워크 신호 검증 비

....

3) https://news.v.daum.net/v/20200326140413304 참조.

4) https://news.naver.com/main/read.nhn?oid=138&aid=0002081836 참조.

용이 절감되며, 5G 실내 스펙트럼 효율도 효과적으로 높여준다.

탕 시웅얀 차이나유니콤 네트워크 기술연구소 연구원장은 "양사는 5G 네트워크 효율적 구축에 견고한 토대가 될 300MHz의 실내형 초광대역 기술을 개발해 세계 최초로 상용화했다"고 말했다. 그는 또 "앞으로는 고부가가치의 대용량 네트워크가 필요한 산업환경이 더욱 많아질 것이기 때문에 혁신적인 솔루션에 대한 요구가 늘어날 것"이라며 "5G 인도어 분산형 대용량 다중입출력장치 솔루션을 통해 고객들의 5G 실내 수요를 충족하고, 상업용 네트워크 확장을 더욱 신속하게 지원하겠다"고 강조했다.

리치 펑 화웨이 무선 네트워크 생산라인 부문 최고마케팅책임자(CMO)는 "화웨이는 실내 디지털 네트워크에 대한 장기 투자를 기반으로 탁월한 실내 커버리지와 5G 네트워크를 실현하기 위해 지난 2월 풀시나리오 5G 디지털 인도어 시스템 제품과 솔루션을 출시했다"며 "업링크와 다운링크 용량에 대한 확장성 수요가 증가함에 따라 화웨이는 차이나유니콤과 긴밀히 협업한 성과로 실내 네트워크 환경에 사용되는 대용량 다중입출력장치 기술을 성공적으로 선보일 수 있었다"고 말했다. 이어, "획기적 기술을 통해 더욱 대용량의 5G 네트워크가 가능해 질 것이며, 화웨이는 기술 혁신을 지속해 고객의 세부적인 요구사항도 해결할 수 있는 선도적인 솔루션 개발을 주도하겠다"고 말했다.[5]

....

5) 박수형, '화웨이, 中 주요 도시에 실내형 5G 대용량 MIMO 운영. 지다넷코리아(ZDnet Korea) 2020.4.13. 요약.
https://news.v.daum.net/v/20200413111041339 인용.

2. 공급사슬 개혁

(1) 1 단계 : 통합 공급망(IPD) 개혁

1) IBM 컨설팅과의 협업

1998년까지 화웨이의 사업은 크게 확장되었고, 확장된 회사를 관리하기에 기존 시스템은 미흡한 부분이 많았다. 업무량이 확장되어 비용이 늘었고, 매출액도 점점 증가하고 있었지만, 이윤은 점점 감소하였다. 화웨이는 '어떻게 공급 프로세스가 기업의 폭발적 성장을 제대로 관리할 수 있을까?' 하고 고민하기 시작했다. 1997년 말 런정페이는 화웨이 임원들과 같이 미국의 유명기업들을 방문하였다. 그 중 IBM[6]의 관리모델과 개혁 경험들이 런정페이 회장의 흥미를 끌었다. 그래서 IBM에 컨설팅을 받아 관리 시스템을 개혁하기로 결정하였다.

1998년 8월 화웨이와 IBM은 프로젝트를 시행하였다. IBM은 6~7명의 컨설턴트를 화웨이로 보내 3~5년의 기간 동안 업무개혁과 IT프로젝트를 시행하였다. IBM은 공급사슬관리와 관련 이론에 대해 가이드를 하였고, 화웨이는 회사의 실제상황에 근거하여 탐색하고 설계하여 구체적인 관리규칙을 만들었다.

통합 공급망 개혁 프로젝트를 위해 화웨이와 IBM은 3대 목표를 설정하였다. 첫째, 고객이 중심인 통합 공급망을 설립한다. 즉, 통합공급사슬의 목적은 고객의 요구를 최대한 만족시키고 서비스 수준을 높이는 것이다. 둘째, 원가가 가장 낮은 통합 공급망을 만들어야 한다. 통신기술의 발전과 시장경쟁이 치열해짐에 따라 시장

----

6) 1990년대 중반 이후에는 하드웨어뿐 아니라 서비스와 컨설팅 분야에서도 두각을 나타내었다. 본사는 뉴욕 아몬크에 있다.

의 판매가격은 필연적으로 하락하게 되어 있다. 화웨이가 경쟁에서 이기려면 원가를 낮춰야 한다. 그러나 화웨이는 당시 공급사슬의 운영 효율이 낮아서 들어가는 비용이 많았다. 이를 낮추는 것이 개혁의 목표가 되었다. 셋째, 공급사슬의 민감성과 반응속도를 높여야 한다. 공급사슬 간의 협조를 통해 총체적인 주기를 축소시키고 효율을 높여야 했다.

2) 공급 사슬 개혁 전의 문제들과 해결방안

화웨이 제품은 일단 제품 품질이 낮고, 생산가능 능력에 따라 주문을 하는 것이 아니라서 재고가 많이 생기는 문제점들이 발생했다. 또한 수요예측과 생산계획의 정확도가 낮고, 운송부분에서 실수가 자주 발생했다. 이러한 이유로 고객이 화웨이에 주문한 제품을 적시에 받을 확률이 50%밖에 안 되었다. 당시 세계 유수의 통신장비 회사의 제품 적시배송 평균확률은 94%였다. 글로벌 기업과 비교했을 때, 주문한 제품을 적시에 받지 못할 확률이 너무 높았다. 이뿐 아니라 화웨이의 재고자산회전율은 1년에 3.6이었는데 세계 유수의 통신설비 회사들의 평균 재고자산회전율은 1년에 9.4였다. 화웨이의 주문이행주기는 길면 20~25일인 데 반해, 세계 유수의 통신장비 회사들은 10일 전후였다.

이러한 문제들을 해결하기 위해 IBM컨설턴트들은 화웨이가 고객과 접촉하는 부분(계약협상, 계약, 제품거래, 설치, 수리, 판매서비스 등)에서 고객들의 수요와 기대가 어떻게 되는지 화웨이의 고객들과 인터뷰를 하였다. 통합공급사슬 프로젝트의 IBM 컨설턴트는 2개월의 인터뷰, 데이터수집, 조사를 통해 공급사슬의 현 상황과 문제점을 종합하였다. 그들은 이를 우선순위별로 배열하여 세밀하게 분석하였다.

IBM 컨설턴트들은 최종적으로 프로세스, IT시스템, 조직 이세 부문에 78개의 문제들이 존재한다고 정리하였다. 프로세스문제는 52가지로 공급사슬의 판매, 고객서비스, 구매, 물류, 계획, 관리 배치, 제조 등에 분포되어 있었다. IT시스템 문제는 14가지로 ERP, 고객측면, 기초기술 등에 있으며 조직문제는 12가지로 조직구조, 역할과 책임, 문화, 소통 등에 있었다.

3) 프로세스 문제
• 계약 프로세스

판매자나 고객도 계약 시 제품을 받을 수 있는 시기를 알 수 없었다. 화웨이의 통신설비, 기초 설비 등의 제품은 더욱 복잡하여 전통적인 제조제품의 주기와 비교할 때 납기주기가 길었다. 주문할 때부터 제품을 받기까지 걸리는 시간이 너무 길었다. 이 외에도 납기 기일(Available to Promise)의 정보가 없기 때문에, 판매자는 계약 시 생산부분의 능력과 계획을 알 길이 없다. 따라서 고객이 주문했을 때 제품을 언제 가져갈 수 있을지 알 수 없는 것은 물론이고, 판매자도 알지 못했다. 이로 인해 고객의 불만은 커져만 갔다. 제품 배분 측면에서의 연구개발은 전혀 되지 않았기 때문에 생산부분의 주문 착오사건도 빈번하게 일어났다. 이로 인해 고객이 주문한 제품과 다른 제품을 받는 일도 종종 일어났다.

이외에도 당시 화웨이는 판매 및 운영계획이 정교하지 않았다. 고객정보를 데이터로 남겨놓지 않았기 때문에 유효한 예측을 할 수 있는 도구도 없었다. 따라서 판매 예측의 정확도는 높지 않았고, 심지어 주문이행 과정 중에도 변경은 빈번하게 발생하였다. 주문이 변경되면 많은 프로세스들이 그에 맞춰져야 했고 관리 인력이 생산자원계획을 수동으로 조정해야 했다. 어떤 때는 주문서나 인력 등의 수치가 정확하지 않았다. 생산부서는 이러한 자료를 갖고 생산계획을 세울 수가 없었다. 공장도 불완전한 생산계획으로 생산할 수밖에 없어서 재고처리가 항상 문제가 되었다.

• 구매프로세스

구매프로세스에서의 문제점은 화웨이의 제품은 많은 부품과 기계들로 이루어져 있지만 부품 공급상들의 공급이 안정되지 않는다는 것이었다. 어떤 부품의 공급상은 매우 많고, 어떤 부품의 공급상은 매우 적었다. 이것은 부품의 공급과 수요가 보장되지 않아 제품의 품질을 일률적이지 못하게 하였다. 공급상의 수량과 품질의 불안정은 화웨이의 공급상 관리를 더욱 어렵게 하였다. 이외에도 구매부분은 소수의 공급상과 정식으로 협의하여 계약을 하기 때문에 외주회사나 공급상들에 대한 통제가 어려웠다. 또한 당시의 구매방법 처리절차는 매우 복잡하여 이 또한 구매 원가를 높게 만드는 요인 중 하나였다.

• 물류관리 프로세스

물류관리 프로세스에서의 문제점은 물류 배송시간이 길어서 효율적이지 않다는 것이었다. 이것은 제품이 제 때 만들어지고 거래되는 것에 큰 영향을 미쳤다. 물류의 재고관리에도 안 좋은 영향을 주었다. 대량의 재고는 배분을 비효율적으로 만들었고, 원가를 높였다.

• 생산프로세스

생산프로세스에서의 문제점은 생산계획이 차질을 빚을 시 필요한 부품이 기일을 맞추기 힘들다는 것이었다. 그러면 제대로 된 부품 없이 물건을 만들거나 부품을 기다렸다가 만들어야 했다. 이는 제품의 납품시기를 늦추게 된다. 많은 제품들이 기준 없이 배치되고 제품 간 호환되는 부품도 적었다. 각 창고 조직 간에도 정보교류가 없어 창고 간 부품 교류도 힘들었다. 생산 부분은 수동으로 재료와 부품을 조정하여 생산 수요를 만족시켰다. 반제품 프로젝트, 재고생산전략 실행의 목적은 총체적으로 주문 이행 주기를 축소시키는 것이다. 이를 위해서 제품의 생산수요 구매부문, 물류관리부문, 생산부문의 상호 협력이 필요한데, 화웨이는 각 부문이 독립적으로 운영되고 서로 교류나 정보공유를 하지 않아 생산 능력이 기업의 발전속도를 따라가지 못했다.

4) 해결 방안

화웨이는 글로벌 회사들의 공급사슬운영 프로세스의 장점을 가져와 자신만의 통합 공급네트워크를 만들었다. 화웨이는 통합 공급네트워크의 부서들을 판매, 계획, 구매, 생산, 배송의 5대 프로세스로 나누었다. 각 부서들은 아래와 같은 개선을 하였다.

• 판매프로세스

고객의 주문은 화웨이 조직과 고객을 잇는 다리이다. 따라서 고객의 주문을 제대로 관리하는 것이 매우 중요하다. IBM은 통일된 정보 플랫폼인 MRP II 시스템과 계약절차 간소화를 통해 제품이 적시에 거래되는 것을 보증할 수 있게 해주었다. 화웨이는 MRP II 시스템의 소프트웨어를 확장하여 모든 지역의 사무소마다 두었고, 이를 통해 판매사원이 거래한 물량 정보를 제공하기도 하고 주문상태도 확인할 수 있게 하였다. 이러한 정보 플랫폼에 직원들이 고객의 모든 정보를 기록하기 시작하였다. 계약내용, 제품 배치, 상세주소, 서비스 프로세스, 거래내역 등을 기록하여 판매사원이 참고

할 수 있게 하였다. 계약 관리 측면에서는 현재 있는 계약 처리 프로세스를 개선하고 계약을 기록하는 것과 심사 등 처리 절차를 줄였다. 판매사원은 고객과 계약하기 전에 회사의 현재 생산능력, 재료 상황, 물건 배송 시간 등을 조회할 수 있어 고객이 요구한 날까지 제품 배송이 가능한지 등을 확인할 수 있게 되었다.

• 계획 프로세스

화웨이는 각 생산 라인에서 판매와 운영계획을 실시하였다. 운영계획에는 주문계획, 생산계획, 구매계획, 재고관리계획 등이 포함되었다. 판매와 운영계획을 통해 고객의 요구변화와 그 영향을 충분히 고려할 수 있었다. 당시의 생산 능력과 제약 등을 종합적으로 고려했기 때문에 더욱 정확하게 계획을 수립하고 시행할 수 있게 되었다. 또한 판매, 구매, 재고부문에서 서로 정보 교류를 하게 됨으로 인해 기초 데이터와 예측의 정확도를 높였다. 이를 통해 계획을 더욱 제대로 세울 수 있게 되었다.

• 구매프로세스

화웨이가 진행한 통합 공급네트워크 개혁의 기본 목표는 장기적이고 전략적인 구매 프로세스 표준화와 그로 인한 공급상 간의 협력 관계를 건설하는 것이었다. IBM 컨설턴트는 화웨이가 경쟁력 평가의 방법으로 공급상을 선택하고 공급상의 지속 가능한 개발 능력, 기술 능력, 품질 보증 등을 유념할 것을 권유했다. 경쟁력 평가는 전통적으로 했던 가격 경쟁이 아닌 지속 가능한 부품 제공 능력을 봤다. 또한 화웨이는 수요 예측 데이터를 공급상과 공유하여 공급상이 제때에 물건을 공급할 수 있게 하도록 하였다.

 • 생산프로세스

화웨이는 재료 공급의 각 단계를 개선하여 재료 공급이 적시에 이루어지도록 해야 했다. 원래 있던 MRPⅡ시스템을 개선하여 생산 계획의 품질을 높여 생산 품질을 개선해야 했다. 자원을 가장 효율적으로 이용하기 위하여 생산부서는 각 자원별로 우선순위를 정확히 해야 되고, 유한한 자원은 개선을 해야 했다. 이 외에도 서로 다른 제품은 서로 다른 제조방식으로 생산을 했다. 화웨이 통합 공급네트워크 개혁의 장기 목표는 제조모형을 이용하여 생산의 유연성과 민감성을 높이는 것이었다.

 • 거래 프로세스

거래프로세스는 물류와 배송, 계약관리, 재고관리, 공정설비설치, 기장관리, 상품인수, 송장관리 등이 있다. 상품관리를 효율적으로 하기 위해 기술을 응용하고 수동으로 조작하고 기입하는 것을 줄여야 했다. 시스템을 자동화하여 효율을 높이고, 매뉴얼을 만들어 제도를 개선하여 재고관리를 해야 했다.

5) IT시스템과 조직구조의 문제점
 • IT시스템

IT시스템에는 3가지 부분에서 문제가 있었다. 각각은 앞의 판매시스템에서도 나온 MRPⅡ시스템, 그리고 고객관리 지원, 공급사슬 기술이었다.

MRPⅡ시스템은 당시 관리가 제대로 되지 않아 시스템의 데이터 정확도가 높지 않았다. 이로 인해 이 시스템을 계획과 생산에 응용하기가 어려웠다. 또한 모든 시스템의 정보를 한 번에 보기가 어려웠다.

고객관리 지원 방면에서는 고객의 상세한 정보나 구매한 제품 정보를 적어놓지 않아 문제가 생겼다. 기록되어 있지 않아서, 이후에 고객의 제품에 문제가 생겼을 때나 새로운 요구가 있을 때 고객의 과거 이력을 찾기가 어려웠다. 또한 계약을 관리할 수 있는 도구가 없었다. 판매사원과 주문처리 과정 중 계약 수정은 수없이 일어났다. 하지만 시스템에는 수시로 계약에 대한 정보를 갱신할 수 없게 되어 있었다.

공급사슬 기술 측면에서는 회사단위의 종합 데이터가 없었다. 고객, 계약상태, 물건 발송 상황에 대한 정보가 종합적으로 완전하게 기록되지 않아 데이터베이스의 이용 가치와 정확성이 낮았고 이에 따라 데이터베이스의 활용 빈도가 낮았다.

• 조직 구조

마지막으로 조직구조 또한 문제가 있었다. 통합 공급사슬 개혁프로젝트를 추진하기에는 조직이 유연하지 못했다. 예를 들어 화웨이의 당시 조직구조는 계급이 너무 많아서 각 계급의 조직 내 협력이 어려웠다. 이는 자연히 업무처리시간을 늘리고, 의사결정 단계가 늘어 업무를 비효율적이게 만들었다. 또한 각 부서의 역할과 직책의 경계가 불명확했다. 이는 업무를 서로에게 떠넘기게 만들었다. 이에 더해 각 부서 간 소통과 협력이 적었다. 예를 들어 판매사원과 기획사원 간에 정보공유가 되지 않았을 뿐만 아니라 필요하다는 의식조차 없었다. 판매사원은 주문 상태에 대한 정보를 알 수 없었고, 기획사원은 수요예측의 정확성에 대한 정보를 얻을 수 없었다. 상기의 여러 사항들은 비효율적인 운영을 초래하였다.

6) IT시스템과 조직구조 해결방안

• IT 시스템

통합공급사슬의 성공적인 개혁은 IT시스템에 달려있었다. IT 시스템 개혁을 통해 서로 다른 직무부서 간 협력을 강화하는 것이 주요 골자였다. 각 부서의 정보 공유와 협력을 위해 화웨이는 먼저 회사 내부에서 사용하는 IT시스템을 개혁하여야 했다. 부서별로 사용하던 각자의 시스템을 표준화하고 통일된 플랫폼에 입력하였다. 데이터 구축뿐 아니라 IT 시스템의 분석도 사업 분석을 위해 큰 도움이 되었다.

통합된 IT시스템에는 자동화된 시스템(Advanced Planning and Scheduling, APS)을 포함하였고 구매모듈(i-Procurement), 회사자원계획모듈(Enterprise Resource Planning, ERP), 고객관계관리(Customer Relationship Management, CRM) 등 주요 모듈과 관련 시스템 등이 화웨이의 각 부서를 서포트하였다. 특히 계획, 배치, 구매, 제조, 고객서비스 등을 지원하였다. 거래 데이터베이스와 ERP 데이터베이스에 구매, 제조, 주문이행, 물류 관리, 화물운송 등의 수치를 저장하고 분석하였다.

• 조직 변화

프로세스의 변혁은 조직의 개혁과 같이 이루어져야 했다. 화웨이는 개혁지도위원회를 설립하여 서로 다른 부서의 책임자들이 참여하고 협력하여 개혁을 맡았다. 2003년 미국 Mercer사의 컨설팅을 받아 화웨이는 경영관리팀(EMT: 经营管理团队)을 설립하였다. 이는 앞장에서 말한 것과 같이 화웨이의 최고 관리자 기구이다. 보통의 회사는 최고 경영자 1명이 회사의 경영을 맡지만 화웨이는 특이하게 경영관리팀 12명이 최고 경영자의 역할을 하였다. 2012년 이후에는 3명의 순환 CEO를 선발하여 임기를 갖고 순환으로 최고 경영자를 맡았다. 개혁지도위원회는 최고 관리자 기구의 명령을 받아 경영관리팀으로 전달하였다.

화웨이는 궈핑을 통합 공급사슬개혁 프로젝트의 책임자로 지정했다. 궈핑은 원래 생산부서 책임자로서 운영 프로세스에 정통했다. 통합 공급사슬 개혁지도위원회는 마케팅, 구매, 물류, 재무, 생산부서 등을 직접 책임지는 사람들로 다양하게 구성되어 있었다. 이 책임자들은 통합 공급사슬 개혁의 직접적인 이해관계자였다. 따라서 어느 부서도 무리하게 희생하지 않고 개혁의 혜택을 받을 수 있었다. 개혁지도위원회의 지도하에 각각 마케팅, 구매, 주문이행, 기획, 물류, 재무, 생산, IT 시스템 등 8가지 프로젝트 부서를 설립하였다. 프로젝트 부서의 목적은 각각의 책임자들이 각 부문에서 직접적으로 이끄는 것이었다.

▲ 화웨이 조직구조

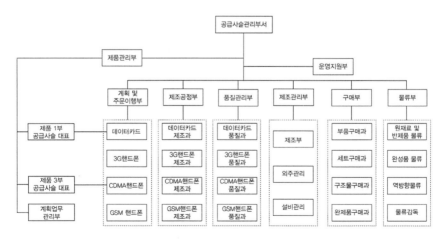

출처: 吳晓波, J. P. Murmann, 黃灿, 郭斌, 华为管理变革, 北京: 中信出版, 2017. p.115

이외에도 화웨이는 전문적인 프로젝트 관리 부서로 8가지 프로젝트를 도왔다. 화웨이의 임원들도 이 프로젝트의 설계와 실행에 적극적으로 참여했다. 이를 통해 개혁의 장애물들을 효과적으로 감소시키고, 통합공급사슬 개혁을 성공시켰다. 화웨이는 이 개혁을 통해 고객만족도가 15~30% 오르고, 재고자산 전환률을 25~60% 높이고, 주문이행주기는 30~50% 축소, 원가는 25~50% 낮춘 것으로 추정하였다.

(2) 2단계 : 글로벌 공급 관리

비록 2003년 화웨이는 사내에서의 통합공급망 개혁에 성공하였지만 공급사슬 프로세스의 ERP시스템 지원은 중국내에서만 시행되었고 해외시장에서는 미약했다. 화웨이는 2003~2005년 간 이미 수십 개 국가와 지역에 분점이나 사무소를 두고 있었다. 해외 사무소에서는 장비의 판매와 고객서비스를 담당하고 있었는데, 이 모든 업무를 직원이 직접 기록하면서 처리하고 있었다.

2005년 이전에 화웨이는 중국 선전(深圳)에만 생산본부가 있었다. 하지만 고객들은 이미 동남아, 북아프리카, 중동, 북미, 서유럽, 동태평양 등 여러 국가/지역에 퍼져 있었다. 생산능력의 한계와 불완전한 물류배송 체계로 인해 중국에서만 생산해서는 글로벌 고객의 수요를 맞추기가 힘들어졌다.

여러 국가의 세금, 재무, 비즈니스 정책, 규정 등이 서로 달랐기 때문에 각 국가/지역에 퍼져 있는 화웨이 사무소들의 공급사슬 운영방식이 모두 달랐다. 초기에는 각자 현지 사정에 맞게 운영하였지만 따로따로 운영하는 것은 비효율적이기도 하였고, 회사가 커지면서 통합의 필요성이 대두되었다. 또한 각 지역의 문화 차이도 화웨이의 해외 공급사슬관리에 큰 도전이 되었다. 직원들 간의 문화/관습 차이가 생겼기 때문에 화웨이가 현지에서 지속적으로 경영하기 위해서는 이에 대한 이해가 필요하였다.

이외에도 화웨이는 해외사업을 시작한지 얼마 되지 않아, 현지 고객의 요구를 가급적이면 들어주려고 노력하였다. 초기 해외진출 시에는 현지 고객의 요구를 쉽게 거절할 수 있는 상황이 아니었다. 고객이 계약할 때 어떤 형태의 배치와 거래 방식, 지불 방식을 일방적으로 요구하면 화웨이는 고객의 요구에 따르는 수밖에 없었다. 이것은 결과적으로 화웨이의 해외 현지 사무소마다 거래방식을 다르게 만들었고, 계약관리와 주문관리를 힘들게 하였다.

이러한 글로벌 공급사슬 관리의 문제를 해결하기 위하여 화웨이는 글로벌 공급사슬 관리 개혁을 시도하였다. 먼저, 해외 부서에서 ERP시스템을 시행하여 해외업무의 처리효율과 운영효율을 높이고자 하였다. 이후 화웨이는 글로벌 공급망을 구축하여 전 세계의 주문수요를 만족시키고자 하였다. ERP시스템의 시행은 글로벌 공급망의 구축을 위한 화웨이의 글로벌 공급사슬에 기초 틀을 제공해 주었다. 이와 동시에 각 국가와 지역의 주문 관리, 배송, 거래, 재무 등 특정 문제를 해결하기 위해 직원들이 노력하였다.

1) 해외 ERP프로젝트 실행

① 거점 국가 시행

해외 비즈니스 초기에 화웨이의 직원들은 수기로 주문을 관리하고, 이를 참고하여 재무제표를 만들어 공급업체에 결제하였다. 하지만 수기로 적는 것은 업무의 확장이 어려웠고, 한계가 있었다. 2005년 화웨이는 해외 사무소에서 ERP시스템으로 비즈니스의 처리효율과 운영효율을 개선하기로 결정하였다. 이것은 해외 자회사

ERP실시 프로젝트였다. 화웨이의 내부시스템 개혁경험과 해외경험이 부족했기에, 프로젝트팀은 일단 이집트, 사우디아라비아, 남아프리카, 나이지리아, 영국, 파키스탄, 브라질, 러시아 8개 국가를 골라 ERP시스템의 업그레이드를 테스트하기 시작하였다. 그 중 EU와 같은 선진국 법규는 각 지역의 규정과 정책이 비교적 일치하여 안정되었다. 공급업체의 능력도 보장되어 있어, ERP시스템이 유럽에서는 순탄하게 자리 잡을 수 있었다.

시스템 개혁이 성공한 나라 중 하나는 나이지리아였다. ERP 시스템을 시행하기 전에 나이지리아에서 화웨이의 연 매출은 이미 4억 달러를 넘어섰다. 수기로만 관리하기에는 힘든 상황이었다. 현지 직원들은 ERP시스템에 큰 기대를 하고 있었다. 당시 나이지리아의 업무와 ERP의 관리방식이 비교적 잘 맞아서, 직원들은 ERP 시스템에 대한 기대와 신뢰가 있었다. 주옌팡(周燕芳)과 프로젝트팀은 나이지리아에서 반년을 준비하여 ERP시스템의 도입을 성공적으로 이끌었다. 이후 마우스 클릭으로, 대서양 빅토리아섬의 주문을 중국 선전(深圳) 공급센터에서 처리할 수 있게 되었다.

그러나 해외 ERP프로젝트가 항상 순탄했던 것만은 아니다. 브라질은 세법, 상법 등 법률이 매우 복잡했기에, 화웨이는 브라질만을 위해 새로운 ERP시스템을 만들어 관리하였다. 브라질은 지역마다 세율이 다르기 때문에, 만약 한 장비가 모 도시의 창고에서 다른 도시의 창고로 이송한다면 판매가 없을지라도 영수증을 발행해야 한다. 현지 규정은 장비가 최종 팔려나갈 때 처음 있었던 지역과 판매된 지역 간의 세금 비율 차로 세금을 매겼다. 화웨이 브라질의 CFO였던 펑쯔쥔(彭志军)은 5년의 시간 동안 3번의 개혁을 시행하여 마침내 성공하였다. 최종적으로 브라질의 이런 세금과 재무문제를 해결하여 브라질 버전의 ERP시스템으로 업무를 관리하였다.

② 세포분열식 시행

2005년 ERP시스템 개혁은 6개 국가(이집트, 사우디아라비아, 남아프리카, 나이지리아, 영국, 파키스탄)에서만 성공하였다. 브라질과 러시아는 재무 법규가 복잡해서 성공하지 못했다.

프로젝트팀은 세포분열식 확장을 선택하였다. 먼저 몇 중점구역의 문제를 해결하는 데 집중하였으며, 팀으로 문제를 해결하였다. 문제해결 후 팀 구성원들의 경험과 지식이 축적되어, 한 팀을 두 팀으로 나누어서 다른 자회사에 가서 ERP시스템 구축을 도왔다. 이로써 점점 그 수량이 증가하여 2005년엔 4개에서 10개 팀이 되고 가장 많게는 한번에 20개 팀을 만들었다. 2007년 말에는 전 세계적으로 80개가 넘는 자회사에서 프로젝트 개혁을 시행하였다. 세포분열식 확장을 3년 간 지속하여, 화웨이의 해외 비즈니스 관리는 디지털화되었다.

2) 통합 글로벌공급망

세계 각 지역의 주문을 만족시키기 위해 화웨이는 중국, 멕시코, 인도, 브라질, 헝가리에 5개 공급센터를 만들었다. 이들 공급센터는 소기의 성과를 거두었는데, 예를 들어 헝가리 공급센터는 유럽과 북아프리카 대부분 국가의 주문을 만족시켰다. 이와 동시에 화웨이는 중국, 네덜란드, 아랍에미리트연합(두바이)에 배송센터를 3개 세웠다. 그 중 두바이는 아프리카 배송센터였는데 아프리카의 공급 환경과 능력이 상대적으로 안 좋았기 때문에 중동에 세운 것이다. 그 외에도 5개의 구매 센터가 있었는데, 이들은 중국, 미국, 일본, 독일, 대만에 소재하였다.

① 글로벌 APS시스템

화웨이는 매년 3~5년의 업무 및 운영계획을 세웠다. 공급사슬은 운영계획의 주요 부분이었다. 글로벌 수요를 관리하기 위해 화웨이는 통합마케팅과 운영계획을 세웠다. 판매, 생산, 구매부서는 매달 수요와 공급 능력 간의 격차를 예측했다. 또 이러한 조정으로 구매와 생산, 거래계획 등을 세웠다.

② 글로벌 주문 관리

많은 공급 중심모형에서 하나의 공급센터가 어느 국가까지 담당할 수 있는지는 여러 요인을 고려했다. 공급센터의 제조능력, 물리적 거리, 운송 환경, 운송 원가, 양국 간의 관계, 양국 간의 무역관계, 기술차이 등을 고려해야 했다. 고객의 계약이 공급사슬 시스템에 전달되면 가장 적합한 공급센터가 제품을 준비한다. 이러한 주문으로 화웨이의 글로벌 공급망은 순조롭게 운영되었다. 주문이행과 제품교역은 적시에 이루어졌다.

③ 글로벌 물류

해외국가에서 화웨이는 현지의 소규모 물류서비스 회사를 고용하여 물류서비스를 다른 회사에 하청주었다. 화웨이와 글로벌 물류서비스회사는 전략적 협력의 관계로 제품을 적시에 공급센터에서 세계 각국으로 배송하였다. 이런 현지 물류회사는 현지세금체계에 따라 비용처리가 편하고 원가도 낮았다.

3) 고객맞춤형 현지 공급사슬

전세계적으로 글로벌 ERP시스템을 시행하였는데, 그 중 일부 국가는 현지사정으로 인해 맞춤형으로 관리하였다. 예를 들어, 사우디아라비아의 고객은 화웨이와 1년치의 구매계약을 맺었고 이후에는 그들이 필요할 때 수시로 주문을 하였다. 사우디의 고객은 주문을 할 때에는 주문 시부터 2주 이내에 제품을 받을 수 있도록 요구하였다. 화웨이는 고객의 요구에 따라, 사우디에 대형물류 창고를 세우고 재고관리를 하였다. 기존에 화웨이가 사우디에서 당면한 문제는 창고관리와 재고관리, 배송관리 등의 재고관련 문제였다. 일단 재고가 너무 많고, 물건 발송을 예측하여 계획을 세울 수 없고, 이에 따라 장부가 맞지 않았다. 그래서 사우디에 있던 화웨이 직원은 계약을 몇 개의 독립적이면서 작은 프로젝트 계약으로 나누었다. 이에 따라 고객과의 계약도 분산시켜 체결했다. 동시에 계약 서명과 절차를 표준화하였다. 화웨이의 판매프로세스와 고객의 구매프로세스를 대응시켜 이러한 재고관리와 거래 문제를 해결하였다.

2005년까지 브라질은 6,000제곱미터의 창고가 있었다. 그러나 정식 관리시스템이 없었고, 장부로만 관리하였다. 관리자는 자주 마케팅 부서의 동료로부터 창고에 있는 물건을 찾아달라는 전화를 받았고, 그는 창고에서 물건을 며칠 내내 찾는 수밖에 없었다. 이러한 문제를 해결하기 위해, 브라질의 관리자는 적극적이고 능동적으로 화웨이의 전문가와 동료들에게 브라질 창고의 공급사슬관리, 국제무역, 물류 부분의 문제를 인지해달라고 요구하였다. 최종적으로 그는 IT부서의 관리자와 공급사슬부서의 관리자와 같이 브라질을 위한 창고관리 시스템을 만들었다. 6개월이 넘는 시간 동안 시스템을 구축하고 업그레이드하여 판매 부서를 도와 제품공급문제를 해결하였다.

화웨이는 나이지리아의 한 기업과 협력하여 400개가 넘는 사무소를 열었다. 그러나 상품거래 시 물류와 배송에서 문제가 발생해, 거래에 큰 악영향을 주었다. 이에 따라 물류부문의 안정화 없이 계약만 많이 하는 것이 능사가 아니라는 것을 깨달았다. 이러한 현지 상황을 이해한 후 관리자는 물류작업에 혼란을 주는 주 원인을 알아보았는데, 그 원인은 고객과 물류 정보공유가 잘 되지 않았기 때문이었다. 고객과 화웨이 사이의 정보가 비대칭이었던 것이다. 각각 통일된 프로세스 매뉴얼이 없고, 영수증에 인계, 검사, 서명 등이 확실하지 않았다. 이를 위해 관련 직원이 정기적으로 고객, 통관 대리와 3자가 모임을 가질 것을 건의하였다. 이후 정보는 정리하여 모두에게 보고하고 각각의 승낙을 받았다. 이러한 프로세스의 규범화는 물류부문을 빠르게 개선하였다. 또한 이 같은 규범화는 서아프리카 등 다른 국가에도 전파됐다.

찾아보기

참고문헌

Kim, J. H., & Choi, M. C. (2019). An Examination on Competitiveness Analysis of Huawei Enterprise. TEST Engineering & Management, 81, 35－41.

Peterson, S. J., Walumbwa, F.O., Byron, K. & Myrowitz, J.(2009). CEO Positive Psycological Traits, Transformational Leadership, and Firm Performance in High－Technology Start－up and Established Firms. Journal of Management, 35(2), 348－368

Porter, M. E. (1990), The Competitive Advantage of Nations. New York, NY: The Free Press.

Woo Sik Jeong. (2013), Competitiveness and Development Strategy of Chinese Online Game Company: Focused on Tencent Company. The Korean Association for Contemporary Chinese Studies. 14(2), 155－205

Huawei annual report 2019, 2018, 2017, 2016, 2015, 2014, 2013

Zhongxing annual report 2019, 2018, 2017, 2016, 2015, 2014, 2013

화웨이 홈페이지 (https://www.huawei.com)

중문자료

邓坤礼(2009), "华为公司国际化拓展中的战略能力和组织能力构建探索", 复旦大学硕士学位论文

董小英·晏梦灵·胡燕妮 (2018), 「华为启示录：从追赶到领先」, 北京大学出版社,

潘 曦(2017), "为什么不上市", 河南工业大学 硕士学位论文

龚海波(2006), "华为技术有限公司国际营销策略研究", 西安理工大学工
    硕士学位论文

Hu Hao(2014), "华为企业文化建设研究", 海南大学 硕士学位论文

黄继伟(2017), 「华为管理法」, 中国友谊出版公司

黄卫伟(2014), 「以奋斗者为本」, 中信出版社

蒋俊敏(2019), "Research on the Selection of Entry Mode of R&D
    Internationalization of Huawei Company" 辽宁大学, 硕士学位论文

梁道森(2014), "华为公司 服务转型价值研究", 北京交通大学 硕士学位
    论文

任泽朋(2016), "华为公司虚拟股票激励案例研究", 解华东交通大学 硕
    士学位论文

任正非(1994.6), 对中国农话网与交换机产业的一点看法
    https://www.coinrua.com/topics/50

任正非(1996), 赴俄参展杂记,
    http://www.wendangku.net/doc/2fba780e5bcfa1c7aa00b52acfc789
    eb162d9e34－4.html

任正非(2001.7), 活下去是企业的硬道理. 通信企业管理,
    https://max.book118.com/html/2018/0715/6012054135001205.shtm

任正非(2002), 迎接挑战苦练内功迎接春天的到来,
    http://blog.sina.com.cn/s/blog_5ccc738b0100gihe.html

任正非(2019), 华为开始裁员, 任正非：要有过苦日子的准备
    http://www.txrjy.com/thread－1061759－1－1.html

任正非(2019), 任总在干部管理研讨会上的讲话,
    http://www.txrjy.com/thread－1061759－1－1.html

松海兵(2016), 华为的人力资源体系变革. 访谈人：黄灿, 许宏昌. 电话

访谈.

孙业林(2016), 华为的集成产品开发变革° 访谈人: 黄灿, 张紫涵.

唐继跃(2016). 华为的人力原体系变革° 访谈人: 黄灿, 许宏昌. 电话访
　　谈.

田涛(2016), 万字长文解读华为的创新和成功.

吴晓波, J. P. Murmann, 黄灿, 郭斌(2017),「华为管理变革, 北京」, 中
　　信出版.

文丽颜·张继辰 (2012),「华为的人力资源管理(第三版)」. 深圳: 海天出
　　版社.

于东海(2016). 华为的集成供应链变革. 访谈人: 黄灿, 李盈, 杭州.

张继辰·文丽颜(2010).「华为的人力资源管理」, 深圳, 海天出版社.

张利华(2009),「华为研发. 北京」, 机械工业出版社.

中外管理杂志:

　　https://baijiahao.baidu.com/s?id=1597956437217205621&wfr=spi
　　der&for=pc

中兴公司简介(百度百科, 中兴通讯股份有限公)

　　https://baike.baidu.com/item/%E4%B8%AD%E5%85%B4%E9%80%
　　9A%E8%AE%AF%E8%82%A1%E4%BB%BD%E6%9C%89%E9%99%9
　　0%E5%85%AC%E5%8F%B8/3876113?fromtitle=%E4%B8%AD%E5%
　　85%B4&fromid=10472100&fr=aladdin)

중싱 회사홈페이지(中兴通信官网) https://www.zte.com.cn

천풍증권연구소제도(天风证券研究所制图)

百度百科：https://baike.baidu.com/item/

搜狐：https://www.sohu.com/a/215947017_453997

동방증권연구소(东方证券研究所)

wind(万得信息技术股份有限公司)

中外管理杂志：

　　https://baijiahao.baidu.com/s?id＝1597956437217205621&wfr＝spi
　　der&for＝pc

华为企业文化百度百科：

　　https://baike.baidu.com/item/%E5%8D%8E%E4%B8%BA%E4%BC%
　　81%E4%B8%9A%E6%96%87%E5%8C%96/5841005?fr＝aladdin

搜狐：https://www.sohu.com/a/215947017_453997

한국자료

김익현, "美에 포위된 화웨이, 특허공세로 반격 포문", 지다넷코리아,
　　2019.6.21. https://www.zdnet.co.kr/view/?no＝20190621154625

김진희·최명철(2019), "중국혁신의 아이콘, 화웨이의 발전과정 연구",
　　경영사학, pp.27－46

권하영, "화웨이, 5G 무선접속네트워크 경쟁력 1위 선정", 디지털데일리,
　　2020.1.21.

　　https://news.naver.com/main/read.nhn?oid＝138&aid＝0002081836

박상수·리후이(2012), "중국 신 에너지자동차 산업 경쟁력에 대한 평가
　　－마이클 포터의 다이아몬드 모델을 중심으로." 동북아경제연구,
　　24(3), 103－130.

박수형, "화웨이, 中 주요 도시에 실내형 5G 대용량 MIMO 운영", 지다
　　넷코리아, 2020.4.13.

　　https://news.v.daum.net/v/20200413111041339

박수형, "화웨이, 글로벌 통신장비 분야 브랜드가치 1위", 지다넷코리아,
　　2020.4.13. https://news.v.daum.net/v/20200413095250378

박순찬, "화웨이폰, 두뇌와 심장 빠지면 껍데기폰. 올 판매 1억대 줄어들

것", 조선비즈, 2019.5.21.

https://news.v.daum.net/v/20190521033531510

박재희, "경영전쟁 시대 손자와 만나다." 서울, 크레듀, 2010.

박형수, "삼성1위-4위 추락한 한국이 쏜 5G, 1년 만에 中에 추월당했다", 중앙일보, 2020.5.5. https://news.joins.com/article/23768993

이창규, "화웨이, 5G 표준 정립 기여도 '1위'. 삼성전자는 '6위'", 뉴시스, 2020.3.26. https://news.v.daum.net/v/20200326140413304

오광진, "중국, 친기업으로 노동정책 선회하나". 재정부장, "기업도 보호해야", 조선일보, 2016.2.23.

http://news.chosun.com/site/data/html_dir/2016/02/23/2016022303062.html

정한결, "화웨이, '5만 6,000개 특허' 들고 반격. '무력 시위', 머니투데이, 2019.6.16. https://news.v.daum.net/v/20190616113746644?d=y

진달래, "대만 반도체 TSMC, 화웨이 신규 수주 중단", 한국일보, 2020.5.18.

https://www.hankookilbo.com/News/Read/202005182272063175?did=DA&dtype=&dtypecode=&prnewsid=

차대운, "미 화웨이 숨통 조이는데 중국은 왜 맞대응 안 하나", 연합뉴스, 2020.5.19. https://news.v.daum.net/v/20200519120147385

최명철

저자 최명철은 중국정부의 씽크탱크인 중국사회과학원(中国社会科学院, CASS)에서 석사를, 최고의 학부인 칭화대학교(清华大学, Tsinghua University) 경제관리학원에서 인사조직과 경영전략 전공으로 박사학위를 취득하였다. 현재 가천대학교 경영학부 조교수로 재직 중이며, 조직행동론, 리더십, 중국경영, 중국경제, 다문화관리 분야를 강의하며 연구하고 있다.
저서로는 차이나리포트(2006년 문화관광부 우수도서), 21세기 차이나리포트(통섭의 관점에서 바라본 중국), 경영학으로의 초대 등이 있다. 중국과 한국, 외국의 여러 유명학술지에 중국어, 한국어, 영어로 논문을 발표하였다.

김진희

저자 김진희는 서강대학교 경제학 석사를 졸업하고, 서강대학교 경영학과에서 경영 과학 전공으로 박사를 수료하였다. 한국은행 경제연구원 국제경제실에서 연구원으로 일하였고, 금융연구원 국제금융연구실에서 연구원으로 일하며 격주로 발간되는 금융브리프의 China inside를 담당하였다. 현재 서강대학교 경영학과에서 중국어로 경영 통계 과목을 강의하고 있으며, 국제 무역, 국제 금융 분야를 연구하고 있다. 주 관심분야는 중국 경제이다.

Why, 화웨이-세계 5G 1등 기업 화웨이의 혁신 성공비결-

초판발행	2020년 7월 30일
중판발행	2021년 10월 15일
지은이	최명철·김진희
펴낸이	안종만·안상준
편 집	전채린
기획/마케팅	김한유
표지디자인	박현정
제 작	고철민·조영환

펴낸곳	(주) **박영사**
	서울특별시 금천구 가산디지털2로 53, 210호(가산동, 한라시그마밸리)
	등록 1959. 3. 11. 제300-1959-1호(倫)
전 화	02)733-6771
f a x	02)736-4818
e-mail	pys@pybook.co.kr
homepage	www.pybook.co.kr
ISBN	979-11-303-1049-7 93320

정 가   15,000원